ये शहर लगै मोहे बन

जाबिर हुसेन की लंबी कथा-डायरी

ये शहर लगै मोहे बन

कथा-डायरी

जाबिर हुसेन

राजकमल प्रकाशन
नयी दिल्ली पटना इलाहाबाद कोलकाता

ISBN : 978-81-267-2636-3

मूल्य : ₹ 300

पहला संस्करण : 2014

प्रकाशक : राजकमल प्रकाशन प्रा. लि.
1-बी, नेताजी सुभाष मार्ग, दरियागंज
नई दिल्ली-110 002

शाखाएँ : अशोक राजपथ, साइंस कॉलेज के सामने, पटना-800 006
पहली मंजिल, दरबारी बिल्डिंग, महात्मा गांधी मार्ग, इलाहाबाद-211 001
36 ए, शेक्सपियर सरणी, कोलकाता-700 017

वेबसाइट : www.rajkamalprakashan.com
ई-मेल : info@rajkamalprakashan.com

मुद्रक : बी.के. ऑफसेट
नवीन शाहदरा, दिल्ली-110 032

YE SHAHAR LAGAI MOHE BAN
Jabir Husain Ki Katha-Diary

गोपीचंद नारंग और गुलज़ार
के नाम

जिनकी तहरीरों ने
कथा-डायरी की
सिन्फ़ को
एतबार बख़्शा

क़िस्तें

तुमने देखा

आसमान गहरी नींद में सोया है और
पहाड़ की चोटियों पर डेरा जमाए
बादलों ने बस्ती पर मायूसियों के
जाल बुन दिए हैं

इस जाल ने हवेलियों तक पहुंचने
के तमाम रास्ते बंद कर रखे हैं

सिर्फ़ पहाड़ की चोटियों पर आबाद
ज़िंदा रूहों को इजाज़त है कि बस्ती
की गुमनाम गलियों में आने-जाने का
सिलसिला जारी रखें

लेकिन उन्हें भी ये इजाज़त कहां कि
बस्ती में आए किसी आब्ला-पा के
जख़्मों पर मरहम लगा सकें

इंतहाए शौक़ की जादूगरी
पत्थरों के शहर में शीशागरी

सुकून की रात

किसे मालूम था, बस्ती की कुछ ख़ास हवेलियों के लिए वो एक सुकून वाली रात साबित होगी!

शाह साहब ने ज़ेयारत के तवील सफ़र पर जाने से बहुत क़बल ही बस्ती छोड़कर किसी दूसरे इलाक़े में बस जाने का फ़ैसला कर लिया था।

अपने कुछ ख़ास इंतज़ामकारों को उन्होंने इस बाबत इत्तिला भी दे दी थी।

जहां बसने का इरादा किया था, वहां अच्छी-ख़ासी तैयारी हो चुकी थी।

लेकिन पुरानी बस्ती के साये उनका तआक़ुब करने से बाज़ नहीं आ रहे थे।

शाह साहब बस्ती के इन बद-शयार सायों को आसेबी अलामत मानते थे।

ये साये उन्हें हमेशा कर्ब और ईज़ा में मुब्तला रखते थे।

ज़मीन-जायदाद पर बेजा क़ब्ज़ों और हवेली का नामूस ख़ाक में मिलाने के अपने क़राबतदारों के कारनामों ने उन्हें आजिज़ कर रखा था। हालात को बद से बदतर होते देख उनकी आंखें ख़ून के आंसू बहाती थीं।

लेकिन बेबसी थी कि उनका दामन नहीं छोड़ती।

ज़ेयारत के सफ़र से कुछ पहले शाह साहब ने तक़रीबन रिक़्क़त-आमेज़ लहजे में बस्ती को 'ख़ारिस्ताने ग़म' के ख़िताब से नवाज़ा था।

इस ख़िताब ने हवेली के मकीनों के दिल में बुग़्ज़ो-अनाद के शोले भड़का दिए थे।

शाह साहब ने बस्ती को यह ख़िताब कुछ अलामती अंदाज़ में दिया था, और इसका दायरा इतना वसीअ कर दिया था कि साकिनाने बस्ती इसकी गिरफ़्त करने से क़ासिर थे।

बस्ती को 'ग़मो-अलम की दुनिया' कहने का मौक़ा शाह साहब को सिर्फ़ हवेली वालों ने दिया हो, ऐसा भी नहीं है। खुद उनके एक बेटे ने भी बस्ती से उनकी बेज़ारी के लिए ज़मीन हमवार करने में कोई कसर नहीं छोड़ी थी।

एक बार तो शाह साहब ने अपने इस बेटे के लिए 'नंगे ख़ानदान' जैसे सख़्त अलफ़ाज़ का इस्तेमाल कर दिया था।

यह और बात है कि बेटे की तमामतर नाज़ेबा हरकतों के लिए भी वो एक तरह से अपने क़राबतदारों की सोहबत को ही ज़िम्मेदार ठहराते थे।

जाने-अनजाने, शाह साहब अपनी तहरीरों के एक बड़े हिस्से को अपनी ज़िंदगी का आईना बनाते रहे। बस्ती के बाज़ ताल्लुक़दार उनकी तहरीरों के अंदरूनी मिज़ाज और लहजे से ना-वाक़िफ़ नहीं थे।

इस बात के सबूत नहीं मिलते कि उन्होंने अपने वारिसों के सिवा किसी और नज़दीकी ताल्लुक़दार को अपनी बाज़ ऐसी तहरीरों की हवा लगने दी हो, जिन में उनके निजी हालाते ज़िंदगी दर्ज हों।

शाह साहब ने अपनी तख़लीक़ी कारगुज़ारियों को कभी पोशीदा नहीं

रखा। अपनी नशिस्तगाह में बाज़ अवक़ात वो अपने अहबाब की मौजूदगी में भी क़लमी नुस्ख़ों पर नई इबारतें दर्ज करते। इतना लिहाज़ वो ज़रूर रखते कि कोई तसनीफ़ मुकम्मल तौर पर नुस्ख़े की सूरत इख़्तियार करने से क़बल बस्ती के हासिद क़राबतदारों की कज-निगाही का शिकार नहीं बने।

फिर भी, क़लम की स्याही सूंघने वाले बस्ती के बाज़ क़राबतदार जान गए थे कि शाह साहब किताबी शक्ल में अपनी ज़िंदगी के तफ़सीली हालात दर्ज कर रहे हैं, और बस्ती की कुछ तल्ख़ सच्चाइयां उनकी रहनुमाई कर रही हैं।

इस ख़बर से हवेली के कुछ क़राबतदार इस क़दर ख़ायफ़ हो चले थे कि उन्होंने बाक़ायदा शाह साहब की तहरीरों पर नज़र रखने के लिए सुराग़ी ज़ेहन के कुछ अमलों की ड्यूटी लगा दी थी।

ये अमले, देर-सवेर, मौक़ा पाते ही शाह साहब के नुस्ख़ों पर एक नज़र डाल लेते और अपनी इस्तेदाद के मुताबिक़ मज़मून की तह तक पहुंचने की कोशिश करते।

हवेली के अपने आक़ाओं तक ख़बरें पहुंचाने में वो बेहिचक अपने ज़रख़ेज़ दिमाग़ से ज़हर में डूबे फ़िक़रों का इज़ाफ़ी इस्तेमाल करना नहीं भूलते।

हवेली की दीवारों के अंदर ज़मीन-जायदाद को लेकर जो रेशादवानियां चलतीं, जो साजिशें रची जातीं, उनके इशारे अक्सर शाह साहब की नसरी तहरीरों में दर आते।

ये इशारे बस्तीवालों के मिज़ाज की अक्कासी तो करते ही, ख़ुद शाह साहब की ज़ेहनी बेज़ारी और बढ़ती ला-ताल्लुक़ी का तहरीरी सबूत भी पेश करते।

कहते हैं, शाह साहब की ज़िंदगी के आख़िरी दस-बारह साल यक़ीनन बेहद हंगामाख़ेज़ रहे। यही वो दौर रहा, जब बस्ती वाले, खुसूसन हवेली के रसूख़दार, शाह साहब के तईं अपनी अदावत की सारी सरहदें पार कर रहे थे। उन्हें शाह साहब की बढ़ती शोहरत और अकाबरीन की नज़र में उनकी उभरती क़द्रो-क़ीमत से बेइंतहा नफ़रत थी। वो हर लम्हा उन्हें नीचा दिखाने और माली नुक़सान पहुंचाने की कोशिश करते।

इसी ज़माने में, शाह साहब के ख़िलाफ़ फ़रेबी मंसूबों के तहत अदालती कार्रवाइयां तक की गईं।

फ़र्ज़ी गवाहों के भरोसे ज़मीन-जायदाद और काश्त से मुतल्लिक़ कागज़ात तैयार किए जाते रहे। बस्ती के शर-पसंद अनासिर को शह देकर फ़ौजदारी मामलों में शाह साहब को उलझाने की हर मुमकिन कोशिश की जाती रही।

कई दफ़ा तो खुद शाह साहब का बस्ती में रहना भी मुहाल हो गया।

कुछ पुरखुलूस मशीर और भरोसे के अहबाब हौसला नहीं बनाए रखते तो शाह साहब कब के बस्ती को हमेशा-हमेशा के लिए अलविदा कह चुके होते।

सारी तल्ख़ियों के बावजूद, शाह साहब हवेली के अमलदारों को दरपेश मुसीबतों पर क़ाबू पाने के लिए हर लम्हा फ़आल रहते। हवेली के ज़िम्मेदारों में से किसी का अज़ीज़ क़त्ल के संगीन मामले में मुलव्विस हो जाए, किसी पर चोरी का इल्ज़ाम आ जाए, और पुलिस सख़्त से सख़्त कार्रवाई पर आमादा हो जाए, तो शाह साहब की तरकीबें ही काम आतीं। और हवेली की इज़्ज़त पर आंच आने से रह जाती।

इलाके भर में शाह साहब की मुनकसिरुल-मिज़ाजी, मामलात की गहराई तक पहुंचने में उनकी ज़िहानत और अदबी लिहाज़ से उनकी मोतबर शख़्सियत के क़िस्से आम लोगों की ज़बान पर आने लगे थे।

लेकिन ये सारे क़िस्से हवेली के बाज़ दिल-सोख़्ता अशराफ़ज़ादों की शाह साहब के तईं अदावतों में इज़ाफ़ा ही करते।

शाह साहब की पैदाइश हमसाया बस्ती में हुई थी। उनके आबा-व-अजदाद अपनी ख़ूबियों की बदौलत पूरे इलाक़े में इज़्ज़त-व-वक़ार की नज़र से देखे जाते। लोगों के दरम्यान वो इंतहाई मोतबर ख़ानवादे से ताल्लुक़ रखते थे।

शायद यह भी एक वजह रही हो कि बस्ती की बाज़ हवेलियां उन्हें अपने अज़ीज़ की जगह हरीफ़ मानने लगी थीं।

बस्ती का रिवाज था, हवेलियों के जाहो-जलाल के आगे सजदा-रेज़ रहो, वरना वो तुम्हारी ज़िंदगी के तारों में ज़बरदस्त इंतेशार पैदा कर देंगी। और तुम अपने बिखरे वजूद के साथ हमेशा जां-ब-लब नज़र आओगे।

शाह साहब की सारी ज़िंदगी इन्हीं अलमनाकियों से दोचार रही। ज़मींदारी की देखभाल, काश्त का हिसाब-किताब और दीगर मोतल्लिक़ा मामलों की निगरानी का सारा बोझ हवेली ने उनके कंधों पर डाले रखा। ताल्लुक़दारों की दिलचस्पी नाम के लिए भी मामलों को सुलझाने में नहीं रही। वो हमेशा तसाहली और आसाइश-पसंदी की ज़िंदगी बसर करने के आदी रहे।

शाह साहब के बनाए उसूल और ज़ाब्ते उनकी तबियत से मेल नहीं खाते। वो अपने कंधों पर ज़िम्मेदारी का बस्ता लेना भी नहीं चाहते।

शाह साहब हवेली के तर्ज़े-सुलूक से तंग होकर बस्ती छोड़ने पर मजबूर हो गए थे।

बस्ती की पुश्त पर फैली पहाड़ की चोटियां उन्हें बेहद अज़ीज़ थीं। इन चोटियों से सिर्फ़ उनकी ज़िंदगी का बड़ा हिस्सा ही नहीं जुड़ा था। वो पहाड़ की इन चोटियों से निकली अमन-पसंद सूफ़ी रिवायतों के लिए अक़ीदत-मंदाना रुझान भी रखते थे।

इसीलिए बस्ती छोड़ने का फ़ैसला शाह साहब के लिए बहुत आसान नहीं था। लेकिन बस्ती में बने रहना भी अब उनके लिए अपनी जान गंवाने के बराबर ही था।

तमाम पहलुओं पर ग़ौर करते हुए शाह साहब ने सफ़र से लौटते ही, एक दिन, भारी दिल से बस्ती को सदा के लिए छोड़ देने के अपने फ़ैसले का एलान कर दिया।

कहते हैं, इस एलान ने बस्ती में दो क़िस्म के रद्‌दे-अमल पैदा किए।

एक तरफ़, बस्ती ग़म में डूब गई। जिनसे कोई ताल्लुक़ नहीं था, वो ग़म की सूरत लिए शाह साहब के सामने आए, और उन्हें बस्ती नहीं छोड़ने की तजवीज़ पर राज़ी करने की हर तरह कोशिश की।

दूसरी तरफ़, बस्ती की हवेलियों के दरो-दीवार पर ख़ामोशी छाई रही। क़राबतदारों में से कोई गली-कूचे में भी शाह साहब के बस्ती छोड़ने के ग़ैर-मोतवक़्क़ा एलान पर अफ़सोस जताने या हमदर्दी के दो लफ़्ज़ कहने नहीं आया।

शाह साहब का फ़ैसला उनके लिए शायद मुस्तक़बिल का कोई रौशन पैग़ाम लेकर आया था!

शाह साहब इस एलान के दूसरे-तीसरे दिन ही बस्ती छोड़ने को थे।

तभी अचानक, एक शाम, शाह साहब के बीमार पड़ने की ख़बर बस्ती में किसी अफ़वाह की तरह फैली। ख़बर हवेली के सदर दरवाज़े से निकली थी, इसलिए इसके ग़लत होने का इमकान नहीं था।

शाह साहब अपने सफ़र की सारी तैयारी कर चुके थे। बस्ती से रुख़्सत होने में कुछ घंटे ही बच रहे थे कि बीमारी ने उन्हें आन घेरा। डाक्टर-हकीम बुलाये जाते, इससे पहले ही उनकी हालत बिगड़ने लगी। मर्ज़ के आसार कुछ इस शिद्दत से ज़ाहिर हुए कि सब के हवास गुम होने लगे।

सदर हवेली वालों को लेकिन यक़ीन था कि शाह साहब मौत के दरवाज़े तक पहुंच चुके हैं, और डाक्टर-हकीम भी उन्हें बचाने में कामयाब नहीं होंगे। इसलिए उन्होंने बस्ती के गोरकन को हवेली के सेहन में ही शाह साहब की क़ब्र तैयार करने की हिदायत कर दी।

शाम का धुंधलका छाने लगा था कि हवेली के एक ज़िम्मेदार फ़र्द ने हवेली के बंद दरीचे से शाह साहब के इंतक़ाल की ख़बर सुनाई। यह भी कहा कि घंटे-भर में उन्हें हवेली के सेहन में दफ़्न किया जाएगा।

अपनी नशिस्तगाह के सामने, कुशादा सेहन के एक किनारे, शाह साहब क़ब्र में डाल दिए गए।

पहाड़ की चोटियों पर बसने वाले परिंदों ने अपनी ज़बान में उनकी मौत पर दिल-सोज़ नौहे पढ़े।

बस्ती में, निस्फ़ शब तक, ग़ैर इंसानी रूहों ने शाह साहब के लिए गिरिया किया, और उनकी क़ब्र पर अक़ीदत के फूल चढ़ाए।

सदर हवेली के दरवाज़ों पर लेकिन आहनी ज़ंजीरें बदस्तूर लटकती रहीं!

शाह साहब की मौत

हवेली के कुशादा सेहन में जिस वक़्त शाह साहब का जनाज़ा सुपुर्द-ए-ख़ाक किया गया, हवेली की तमाम बत्तियां गुल थीं। तमाम क़ंदीलें, तमाम शमादानें तारीकी की अलामत बन गई थीं।

एक वफ़ादार ख़ादिम था कि जिसने लोहे के बरतन में लकड़ी के टुकड़ों से आग रौशन कर रखी थी।

इसी आग के साये में शाह साहब की लाश दफ़न की गई।

क़राबतदारों ने उजलत में तैयार की गई क़ब्र पर मिट्टी डाली, फ़ातेहा पढ़ा और हवेली के कुशादा सेहन को वीरान कर गए।

किसी ने यह जानने में दिलचस्पी नहीं दिखाई कि शाह साहब के आख़िरी सांस लेते ही हवेली की तमाम रौशनियां अचानक गुल क्यों हो गईं।

शाह साहब को गुसल देने के लिए बरसों बरस का तजुर्बा रखने वाले बस्ती के पेशेवर गुसाल नहीं तलब किए गए। क़राबतदारों ने अपने हाथों यह काम अंजाम दिया।

ग़रज़ सब कुछ इस रफ़्तार से हुआ कि शाह साहब की आबाई बस्ती को भी इस हादसे की ख़बर नहीं हो सकी। लोगों को हैरत इस बात

को लेकर ज़रूर थी कि शाह साहब को उनके ख़ानदानी क़ब्रिस्तान में, या बस्ती की ही बड़ी क़ब्रगाह में क्यों नहीं दफ़न किया गया। कुछ को यह भी ताज्जुब था कि शाह साहब के अज़ीज़ों, यहां तक कि उनके बेटे-बेटियों को भी वक़्त रहते उनकी संगीन अलालत और मौत की ख़बर क्यों नहीं दी गई। उनके अज़ीज़-व-अक़ारिब उनके आख़िरी दीदार से भी क्योंकर महरूम रह गए।

कहने वाले कहते हैं, यह सब महज़ इसलिए हुआ कि शाह साहब की मौत पर हमेशा-हमेशा के लिए, कभी न उठने वाला पर्दा पड़ जाए। लेकिन सारी राज़दारी के बावजूद, बस्ती की ही बाज़ दूर-रस निगाहों ने यह ज़रूर महसूस कर लिया कि मौत से पहले शाह साहब का बदन नील पड़ गया था।

क्या शाह साहब की मौत एक ग़ैर-फ़ितरी हादसा थी!

अर्से तक, बस्ती के कुछ लोगों के ज़ेहन में यह सवाल कुलबुलाता रहा।

अभी हफ़्ता दिन भी नहीं हुए कि शाह साहब ज़ेयारत-गाहों के तवील सफ़र से लौटे थे। लौटते ही, चंद क़रीबी ताल्लुक़दारों से शाह साहब ने दोबारा मुस्तक़िल तौर पर यह बस्ती छोड़कर दूर एक पहाड़ी इलाक़े में बसने का इरादा ज़ाहिर किया था। उन्हें एतमाद में लेते हुए यह भी आगाह किया था कि अपने इरादे की तकमील के लिए उन्होंने एक रिहाइशगाह की तामीर का काम भी पूरा कर लिया है। नई रिहाइशगाह के इर्द-गिर्द उन्होंने काश्त की ज़मीन भी हासिल कर ली है। यहां तक कि एक कुशादा कुएं और फलों के वसीअ बाग़ीचे की नीव भी डाली जा चुकी है।

क़राबतदारों पर एतमाद के नतीजे शायद अच्छे नहीं रहे। शाह साहब के इरादों की बू हवेली की दीवारों से बाहर चली गई। और क़राबतदारों

के दिमाग़ तेज़ रफ़्तार मशीनों की तरह हरकत में आ गए।

शाह साहब के बड़े दामाद को जब उनके ज़ेयारत से लौटने की ख़बर के साथ ही उनका ख़ास बुलावा मिला तो उन्हें थोड़ी फ़िक्र हुई। मशविरे के लिए सिर्फ़ उनकी बेगम और दो कमसिन बेटे थे।

उन्हें अपने हमराह लेकर वो शाह साहब की ख़िदमत में हाज़िर हुए।

शाह साहब की नशिस्तगाह हमेशा की तरह बाज़ौक़ अशराफ़ से भरी थी। शाह साहब अपने सफ़र की तफ़सील सुनाने में मसरूफ़ थे कि किसी ने दामाद और बेटी के आने की ख़बर दी। महफ़िल में शरीक अहबाब से माज़रत करके शाह साहब ने हवेली के बाजू ज़नानख़ाने की तरफ़ रुख़ किया।

बेटी ने अदब से सलाम किया तो शाह साहब की आंखें नम हो गईं। दोनों बच्चे नाना के रूबरू हुए तो शाह साहब की नज़र उनकी तरफ़ गई। आगे बढ़कर उन्हें सीने से लगाया, दुआएं दीं। फिर दामाद को लेकर दूसरे कमरे में दाख़िल हुए।

राज़दाराना लहजे में किनारे रखे एक पुराने संदूक़ की तरफ़ इशारा करते हुए कहा–

'इस संदूक़ में मेरे तमाम क़लमी नुस्ख़े रखे हैं। यही मेरी ज़िंदगी का कुल सरमाया और मेरी निजात का वाहिद ज़रिया है। मेरी ख़्वाहिश है, आप इन्हें बहिफ़ाज़त अपनी तहवील में ले लें। ये नुस्ख़े मेरी अमानत के बतौर आपके पास रहेंगे। इन्हें शाया कराने या मंज़रे आम पर लाने में मेरी कोई दिलचस्पी नहीं। सिर्फ़ यह चाहता हूं कि मेरी आइंदा नस्लें भी मेरी अमानत समझ कर इससे इस्तेफ़ादा करें।'

दामाद आबदीदा हो गए। शिद्दते जज़्बात से उनके होंठ कांपने लगे।

'लेकिन ... आप इस वक़्त यह सब क्यों कह रहे हैं। अल्लाह आपको लंबी हयात अता करे और हमेशा हमारे सर पर आपका साया बना रहे।'

'मेरा मक़सद आप सब को मुतरद्दुद करना नहीं। मैं इन नुस्ख़ों की हिफ़ाज़त को लेकर ज़रा परेशान हूं। मेरी ग़ैर-हाज़िरी में दो-तीन बार संदूक़ का ताला तोड़कर नुस्ख़े चुराने की कोशिश की गई है। मैं वहशत में हूं, आख़िर कौन इन नुस्ख़ों को इस तरह हासिल करना चाहता है। उसका मक़सद क्या है!'

'लेकिन हवेली तक किसी बाहरी आदमी की रिसाई मुमकिन कैसे हुई?'

दामाद ने हैरत का इज़हार करते हुए कहा।

'मैंने कब कहा, चोर बाहर से आए। मुमकिन है, घर के अफ़राद ही उनका वसीला बने हों। मुमकिन है, बस्ती के बाहर के कुछ लोगों का भी इस साज़िश में हाथ हो। मैंने अभी इन नुस्ख़ों की तफ़तीश नहीं की है। मुमकिन है, वो अपने मक़सद में कामयाब भी हो गए हों। मुझे एक-दो अहम नुस्ख़ों को लेकर कुछ ज़्यादा ही तशवीश है। इनमें तिब की मेरी वो क़लमी किताब भी है, जो बस्ती के अलावा बाहर के अतिब्बा के दरम्यान भी हसद का सबब रही है। इसके अलावा, सात सौ सफ़हात का वो क़लमी नुस्ख़ा भी है, जिसे लिखने में मैं ने दस बरस सर्फ़ किए हैं। मैं इन दोनों को अपनी जान से भी ज़्यादा अज़ीज़ रखता हूं। मैं इन्हें लेकर कुछ ज़्यादा ही फ़िक्रमंद हूं।'

दामाद के साथ यूं हवेली के एक गोशे में शाह साहब को महवे गुफ़्तगू देखकर क़राबतदारों की पेशानी पर बल पड़ गए थे। एक ने बेजा मदाख़लत के अंदाज़ में कहा-

'नशिस्तगाह में लोग आपके मुंतज़िर हैं। बस्ती के बाहर के भी कुछ लोग मुलाक़ात के मुतमन्नी हैं।'

शाह साहब ने उनकी बात अनसुनी करते हुए दामाद के हाथों में संदूक़ की कुंजी सौंपी और कहा–

'कल सवेरे ही आप ये तमाम नुस्ख़े लेकर यहां से चले जाएं। किसी को इस बात का इल्म नहीं हो, घर के अफ़राद को भी नहीं। किसी निहायत महफ़ूज़ मुक़ाम पर इन्हें आप रखवा दें। कुछ और तहरीरें भी, चीदा-चीदा, कागज़ात में इधर-उधर बिखरी हैं, जिन्हें मैं अभी नक़ल नहीं कर सका हूं। इनमें गुज़श्ता दस-पंद्रह साल के वाक़यात दर्ज हैं, इन्हें किताबी शक्ल में मुंतक़िल करना बाक़ी है। बस्ती छोड़ते वक़्त मैं इन्हें अपने साथ ले आऊंगा। बाक़ी का सारा काम अब नई जगह पर ही मुमकिन है।'

दूसरे दिन, आफ़ताब निकलने से पहले, दामाद हस्बे हिदायत लौट गए।

किसी को उनके जाने की ख़बर नहीं हुई।

अगले तीन-चार दिन शाह साहब ने अपने बराहिल, मुनीम और मुशीरों के साथ गुज़ारे। ज़मीन-जायदाद के सारे कागज़ात खंगाले गए। ताल्लुक़दारों की ज़मीनें दस्तावेज़ी तौर पर उनके सुपुर्द की गईं। अपने हिस्से की ज़मीन और बाग़ीचे बेटे-बेटियों के नाम मुंतक़िल किए गए।

गोया शाह साहब इस बस्ती में ख़ुद तही-दस्त व तही दामन हो गए।

हां, हवेली का वो हिस्सा, जो शाह साहब की नशिस्तगाह और कुतुबख़ाने के लिए मख़सूस था, अभी भी बच रहा था। शाह साहब फ़ैसला नहीं कर पा रहे थे कि वो हिस्सा किस को सौंपा जाए। इस पसोपेश की एक वजह यह थी कि यह नशिस्तगाह और कुतुबख़ाना उनकी बेशतर तख़लीक़ात के मरकज़ थे।

यही वो हवेली थी जिसके कुशादा सेहन में उस तारीक रात उजलत में

तैयार की गई क़ब्र में उनके चंद क़राबतदारों ने शाह साहब को दफ़न कर दिया था।

बस्ती वालों ने पहले तो क़यास लगाया कि हवेली की बत्तियां शाह साहब के सोग में गुल कर दी गई हैं। लेकिन वो यह समझने से क़ासिर थे कि ऐसी भी सोगवारी क्या कि लोग एक दूसरे का चेहरा तक नहीं देख पाएं।

बस्ती वालों के ज़ेहन में ये सवाल उठे ज़रूर, लेकिन ज़ी-सरवत ख़ानदानों का रोब इन सवालों पर ग़ालिब रहा।

क़ुल की मजलिस में दामाद बस्ती आए तो उनका चेहरा बुझा-बुझा था। मजलिस के बाद, ज़नानख़ाने में गए तो सबसे पहले बाज़ू वाले कमरे में दीगर संदूक़ों का जायज़ा लिया। पास खड़ी बेगम ने हैरत से पूछा-

'इन संदूक़ों के बीच क्या तलाश रहे हैं?'

'दो क़लमी नुस्ख़े, जो मुझे उस संदूक़ में नहीं मिले।'

'अब इस वीराने में बाबा के क़लमी नुस्ख़े क्या ख़ाक मिलेंगे। फूफी अम्मी कहती हैं, बाबा की ग़ैर-हाज़िरी में कई-कई बार संदूक़ के ताले तोड़े गए। मुमकिन है, चोर वही नुस्ख़े उड़ा ले गए हों, जिन्हें आप तलाश रहे हैं।'

दामाद ने ज़नानख़ाने में मौजूद चेहरों पर नज़र डाली। कुछ चेहरे सही मायने में ग़मज़दा थे। लेकिन कुछ पर मक्कारी और रेयाकारी की परतें चढ़ी थीं।

दामाद ख़ामोशी से बाहर निकल आए। कुतुबख़ाने में दाख़िल हुए तो दिल में एक अजीब हूक-सी उठी। आंखों में अंधेरा छा गया। दो बड़े कमरों में तरतीब से लगाई गई अल्मारियों के पट खुले थे, और किताबें

सारी की सारी ग़ायब थीं।

कुतुबख़ाना गहरे सन्नाटे में बदल गया था।

हफ़्तों बाद, बस्ती में यह ख़बर फैली कि शाह साहब के क़राबतदारों में से एक ने सारी किताबें, कौड़ी के मोल, बाहर से आए किसी ताजिर के हाथ फ़रोख़्त कर दीं। कुतुबख़ाने में बिछी क़ालीनें ख़ुदा मालूम उठकर कहां चली गईं।

हू का ऐसा ही आलम नशिस्तगाह में भी छा गया था।

हिर्स-व-तमअ से भरी निगाहों ने नशिस्तगाह की दीवारों के रंग उड़ा दिए थे।

सारा कुछ देखकर दामाद का कलेजा बैठ गया।

दिल के किसी कोने से आवाज़ आ रही थी-

'निकल चलो अब यहां से, हमेशा-हमेशा के लिए। लौट कर कभी मत आना।'

कहते हैं, इस वाक़ए के बाद दामाद जब तक हयात रहे, इस बस्ती का रुख़ नहीं किया। बेगम भी बस्ती के लिए अजनबी हो कर रह गईं।

बच्चों ने भी इधर का रुख़ नहीं किया।

बुजुर्गों ने बच्चों को नसीहत कर रखी थी कि बस्ती का रुख नहीं करें।

शाह साहब की हवेली वीरान हो गई। उनकी नशिस्तें उजड़ गईं। रातोंरात कुछ अजनबी और कुछ जाने-पहचाने चेहरों ने हवेली के इस ख़ूबसूरत हिस्से पर कब्ज़ा जमा लिया।

जहां आए दिन शेर-व-सुख़न की महफ़िलें सजती थीं, वहां ताश के रंग-बिरंगे पत्ते पीसे जाने लगे। जहां क़ीमती और नायाब किताबें सजी

रहती थीं, वहां चमगादड़ों ने अपना डेरा जमा लिया।

फिर एक दिन ऐसा आया कि शाह साहब की यह हवेली कलकत्ते के किसी मशहूर ताजिर के बीड़ी-गोदाम में तब्दील हो गई। क़राबतदारों की निगरानी में यहां सैकड़ों मज़दूर बीड़ियां बनाने लगे। जहां समावर में क़हवा तैयार करने के लिए हमेशा आग रौशन रहती थी, वहां तंबाकू के पत्ते सुखाने के लिए आग की भट्ठी बना दी गई।

हवेली के कुशादा सेहन में, एक किनारे, शाह साहब का मज़ार इन सारी तब्दीलियों का गवाह बना रहा। वक्त के हाथों, कभी, इस मज़ार के ऊपरी हिस्से की मिट्टी काटकर इसे बराबर करने की कोशिश हुई। कभी इसके ऊपर पानी की टंकी तामीर की गई। कभी इस हवेली के गिर्द-व-पेश में दिलाज़ारियों की फ़सलें बोई गईं। कभी यहां अफ़वाहों का संगदिल बाज़ार गर्म रहा। कभी शिकस्ता दिलों की मजरूह आवाज़ें इस वीराने को आबाद करती रहीं।

बरसहा-बरस, हवेली की पुश्त पर खड़े पहाड़ों की चोटियां अपनी गोद में पले एक गौहरे-नायाब की अलमनाकी पर अश्कबार रहीं!

ख़ेमों में आग

शाह साहब की बड़ी बेटी अपने दराज़-क़द, बड़ी-बड़ी, बोलने वाली आंखों और अपनी खुश मिज़ाजी के लिए बस्ती के बाहर भी मक़बूल थीं। घर की तालीम और बाशऊर ख़्वातीन की सोहबत ने उनकी तरबीयत में इज़ाफ़ी हुस्न पैदा कर दिया था।

ख़ुद शाह साहब उनकी शाइस्ता सिफ़ात के सबब उन्हें बेहद अज़ीज़ रखते थे।

हवेली वाले उन्हें आगे चलकर बड़ी बी के नाम से जानने लगे थे।

शादी की उम्र आते-आते रिश्ते-नातेदारों ने पैग़ाम भेजने शुरू कर दिए थे। कहते हैं, क़रीबी ताल्लुक़दारों के अलावा आस-पास की बस्तियों के मोतबर और ज़ी-हैसियत घरानों से भी रिश्ते आने लगे।

शाह साहब निहायत ख़ंदापेशानी से सारी तजवीज़ें सुनते और मुनासिब वक़्त पर फ़ैसले का भरोसा दिलाते।

दिल ही दिल में कुछ क़राबतदार कभी-कभी उनसे नाराज़ भी हो जाते। आख़िर शाह साहब के दिल-दिमाग़ में चल क्या रहा है! बेटी किस के घर ब्याहना चाहते हैं।

आख़िर को एक दिन वो घड़ी आ गई, जब शाह साहब को अपनी बेटी के रिश्ते की बात हवेली के बुज़ुर्गों के सामने ज़ाहिर करनी पड़ी। सारी

हवेली शाह साहब के फ़ैसले पर सकते में आ गई। शाह साहब ने इस रिश्ते के लिए जिस लड़के का इंतेख़ाब किया था, उसकी माली हैसिय्त हवेली वालों की नज़र में बेहद कमज़ोर और ना-मोतबर थी। वो इस फ़ैसले से नाराज़ हो गए और शाह साहब पर दबाव डालकर इसे मंसूख़ करने की कोशिश करने लगे।

शाह साहब अपने फ़ैसले पर नज़रे-सानी करने को तैयार नहीं थे। उन्होंने हवेली के बुजुर्गों के बाज़ संजीदा एतराज़ का जवाब तो नहीं दिया पर इशारों में इतना ज़रूर कह दिया कि आने वाला वक़्त ही बतायेगा, उनका फ़ैसला मुनासिब है या ना-मुनासिब।

बस्ती वाले भी हवेली के बुजुर्गों की हां में हां मिलाने में पीछे नहीं रहे। उनमे कुछ तो तुर्श-कलामी पर भी उतर आए। उनकी नज़र में, दामाद की किसी मुफ़स्सिल डाकख़ाने की पोस्टमास्टरी इस लायक़ नहीं कि हवेली की बेटी उसके साथ ब्याही जाए।

कुछ नातेदारों को इस बात की रंजिश रही कि शाह साहब ने उनकी तजवीज़ पर मुतलक़ ग़ौर नहीं किया और एक कम-हैसियत ख़ानदान में बेटी ब्याह कर बस्ती और हवेली के वक़ार को बट्टा लगाया।

एक क़रीबी ताल्लुक़दार ने अंदरख़ाने की तकरार को मज़ीद हवा देते हुए यहां तक कह दिया -

'शाह साहब को अपनी दराज़-क़द बेटी का रिश्ता तय करने से पहले कम से कम होनेवाले दामाद के घर का दरवाज़ा तो कुशादा करवा लेना था, वरना बेटी को कमर तक झुक कर घर में दाख़िल होना पड़ेगा।'

कुछ और लोगों ने तरह-तरह के फ़िक़रे कसे और शाह साहब की दिलाज़ारी की कोई सूरत बाक़ी नहीं छोड़ी।

बड़ी बी की शादी बहरहाल शाह साहब के फ़ैसले के मुताबिक़ अंजाम

पाई। हवेली के बुजुर्ग हों या बस्ती के शोरफ़ा, किसी की कुछ नहीं चली। पर इतना ज़रूर हुआ कि शाह साहब के तईं उनके दिल मे ख़राशें पड़ गईं।

कहते हैं, मुद्दतों शाह साहब का यह फ़ैसला हवेली के बुजुर्गों को दिली ईज़ा पहुंचाता रहा। और वो इस फ़िराक़ में रहने लगे कि शाह साहब के इस तौहीन-आमेज़ फ़ैसले का मुनासिब जवाब कैसे दिया जाए।

शादी के कुछ बरस बाद बड़ी बी के उम्मीद से होने की ख़बर आई तो हवेली वालों को इसकी फ़िक्र सताने लगी। बदक़िस्मती से पहले दो बच्चे पैदा होते ही खुदा को प्यारे हो गए। हवेली की औरतों और बस्ती के लोगों ने कहा, किसी की नज़र लगी है।

नज़र उतारने की कोशिशें हुईं। मुल्ला-मौलवी तलब किए गए। आरज़ू-मिन्नत का दौर चला। लेकिन अगली बार बच्चा हुआ तो पहले से भी कम दिन ठहरा। बड़ी बी के लिए हवेली की ज़बान पर 'कोखजली' जैसे अलफ़ाज़ आने लगे। भला ऐसी भी कोई मां होगी, जो एक के बाद एक बच्चे गंवाती जाए!

घर वालों के अलावा पास-पड़ोस के लोग भी जब तानों पर उतर आए तो बड़ी बी का दिल बुझा-बुझा रहने लगा। उनकी ज़िंदादिली उदासी में तब्दील होने लगी।

कुछ और साल गुज़र गए कि बड़ी बी फिर मां बनने को हुईं। इस बार घर वालों ने पहले ही तय कर लिया कि बच्चा पैदा होते ही किसी और के ज़िम्मे लगा दिया जाए। कम से कम वो मां की नहूसत से तो दूर रहेगा।

कहते हैं, बच्चा पैदा हुआ तो घर में इस बात पर हंगामा था कि उसे किसकी गोद में डाला जाए।

हवेली का फ़ैसला था कि बच्चे को मां के दूध, यहां तक कि उसके साये से भी दूर रखा जाए।

औरतों के बीच इस बात पर अभी तकरार जारी ही थी कि बड़ी बी अचानक कराहना बंद करके उठ बैठीं और बच्चे को दोनों हाथों से तक़रीबन उछालते हुए पास खड़ी चमाइन की गोद में डाल दिया।

'यही पालेगी इस बच्चे को, अपने दूध से।'

बड़ी बी की नहीफ़ लेकिन पुरअसर अवाज़ हवेली की औरतों को साफ़ सुनाई दी।

सारी हवेली बड़ी बी के इस क़दम से हैरान थी।

बच्चे ने अपनी आंखें चमाइन की गोद में खोलीं। उसकी आवाज़ भी सबसे पहले उसी ने सुनी। वो बच्चे को घर-भर की नज़रों से छिपाकर अपने आंचल में लिए हवेली से बाहर निकली।

हवेली की औरतों ने तज़लील और हिक़ारत की नीयत से बच्चे का नाम 'चमारी' रख दिया। हवेली का बख़्शा हुआ यह नाम ताज़िंदगी उसके वजूद से चिपका रहा।

कहते हैं, ये उन दिनों की बात है जब बस्ती में एक संगीन जान लेवा बीमारी ने दहशत फैला रखी थी। हर रोज़ दर्जन-दो दर्जन लोगों को मौत दरपेश थी। डाक्टर - तबीब अपनी कोशिशों में नाकाम हो रहे थे।

हमसाया बस्ती में इस मरज़ ने अभी अपना जाल नहीं फैलाया था। इसलिए जो लोग अपने रिश्तेदारों के बुलावे पर वहां जा सकते थे, वो

अपना कुनबा समेट वहां चले गए। बाक़ी लोगों का बस्ती में बने रहना ख़तरे से ख़ाली नहीं था। इसलिए बस्ती से थोड़ी दूरी पर, अपनी ज़मींदारी में, एक खुले मैदान में, बड़ी तादाद में ख़ेमे खड़े किए गए। कुछ घास-फूस की झोंपड़ियां भी बनाई गईं। ख़ानदान-भर के लोग, औरतें-बच्चे सब, इन खेमों और झोपड़ों में मुंतक़िल हो गए। एक झोंपड़े में शाह साहब की बड़ी बेटी भी अपने तीन साल के बेटे के साथ मुक़ीम हुईं।

हालात के मामूल पर आने तक बस्ती के लोगों का क़याम वहीं बना रहना था।

इसी दरम्यान, कहते हैं, एक रोज़ बड़ी बी के झोंपड़े में अचानक ज़बरदस्त आग लग गई। झोंपड़े के ऊपरी हिस्से में, जिस वक्त, आग ने ज़ोर पकड़ा, वहां शाह साहब का नवासा अकेला गहरी नींद में सोया था। बड़ी बी उसे सुलाकर उस तरफ़ को चली गई थीं, जहां मामाएं खाना पका रही थीं।

कहते हैं, झोंपड़े की आग कुछ इस तरह फैली कि पूरा छप्पर एक साथ नीचे सोए हुए बच्चे के बदन पर गिर पड़ा। जब तक दूसरे झोंपड़ों और ख़ेमों से औरतें रोती-पीटती इधर आतीं, बच्चा तेज़ आग के शोलों के साये में पड़ा रहा।

भीड़ ने पानी डालकर किसी तरह आग पर काबू पाया और बच्चे को बाहर निकालने में कामयाब हुए।

बड़ी बी पर बेहोशी तारी थी।

शाह साहब दूर किसी ख़ेमे में अपने काम में मसरूफ़ थे। शोर सुनकर इधर आए तो उन्होंने ख़ुद एक जाने-पहचाने चेहरे को झोंपड़े के पीछे से भागते देखा।

यह बात पूरी बस्ती में एक मोजज़े की सूरत फैल गई। इतनी ज़बरदस्त आग के बावजूद बच्चा आख़िर क्योंकर सही-सलामत बाहर निकाला जा सका।

लोग यह सोच-सोच कर हैरत में थे कि झोंपड़े का छप्पर बच्चे के बदन पर गिरा, फिर भी उसे कोई नुक़सान नहीं पहुंचा। कुछ ने यह क़यास भी ज़ाहिर किया कि आग के शोले बच्चे को निशाना करके ही फेंके गए थे। कुछ ने यह भी गवाही दी कि आग का शोला बच्चे के सर पर गिरा था, और वह चीख़ता हुआ बाहर आया।

कहते हैं, शाह साहब ने झोंपड़े के पीछे भागते चेहरे की पहचान कर ली थी। बाद में, कुछ ख़ादिमों ने भी किसी शख़्स को मुंह पर कपड़ा डाले हाथ में लुकाठी लिए बड़ी बी के झोंपड़े की तरफ़ जाते देखने की बात क़बूल की।

दूसरे दिन, शाह साहब ने बड़ी बी को अपने कारिंदों के शामिल बस्ती से बाहर उनकी ससुराल भेज दिया। उन्हें बच्चे की हिफ़ाज़त के लिए सख़्त हिदायतें भी दी गईं।

कहते हैं, ख़ेमों की इस भयानक आग से हवेली के हालात बेहद नाज़ुक हो गए। जिस वक़्त ख़ेमे आग के शोलों में झुलस रहे थे, अचानक गर्म हवा ने तूफ़ान की शक्ल ले ली और पूरा का पूरा इलाक़ा ही इसकी ज़द में आ गया। हवेली के मर्दों पर बदहवासी छा गई। आलम यह था कि उन्हें आग में महसूर औरतों की हिफ़ाज़त की फ़िक्र क्या होती, उल्टे किसी बहीख़ाह ने पेशरफ़्त का इरादा भी किया तो उसे ना-महरमी का हवाला देकर औरतों के बीच जाने से मना कर दिया।

एक तरफ़ औरतों-बच्चों की जान पर मौत का साया फैलता जा रहा था, दूसरी तरफ़, बस्ती के कुछ रिश्ते-नातेदार, औरतें-मर्द, जलते ख़ेमों से अपने संदूक़ और क़ीमती सामान से भरी पेटियां खींच-खींच कर बाहर

निकालने में जुटे थे। हवेली के जो बुजुर्ग खपरपोश दालान में बैठे दूर से ही ये कुहराम देख-सुन रहे थे, अचानक चिंगारियां शोलों की तरह उनके सर पर गिरीं।

कई बुजुर्गों की टोपियां तो झुलस गईं मगर उनके सर सलामत रहे।

आग फैलती ही जा रही थी।

कहते हैं, ख़ेमों में आग दोपहर के आस-पास लगी थी, मगर इसकी तबाहकारी का दौर निस्फ़ शब तक जारी रहा। जो कोई भी इन जले ख़ेमों से बाहर आया, अपने बदन के जले-अधजले कपड़ों के अलावा सब कुछ खोकर आया।

वहशत और तबाही के इस आलम में भी बस्ती के लोगों को कुछ उम्र-दराज़ औरतें अपने संदूक़ घसीट-घसीट कर बाहर निकालती नज़र आईं।

शाह साहब की पहल पर, क़रीब में एक ताजिर का पुख़्ता मकान ख़ाली कराया गया और बस्ती की सारी लुटी-पिटी आबादी बदहवास वहां मुंतक़िल हुई।

डोली, कहार और महाफ़े की आदी, हवेली की ख़वातीन खुले सर, रोती-पीटती, मातम करती, पांव-पांव चलकर, किराए के इस मकान तक आईं।

कई-कई पुश्तों से हवेली के लोगों ने ये बेसरोसामानी न तो अपनी आंखों से देखी थी, और न क़िस्से-कहानियों में पढ़ी या सुनी थी।

बचने वाले सामान की फ़ेहरिस्त तैयार होने लगी तो पता चला कि लोहे का एक छल्ला भी सलामत नहीं बचा। काठ के संदूक़ों में ज़ेवरात थे, जिसके हाथ जो लगा, ले भागा। नोटों की गड्डियां जो

संदूक़ों और स्टील के बक्सों से बाहर निकलीं वो कोयला बन चुकी थीं। कुछ अधजले नोट, जिनका कोई सिरा बच रहा था, उसे बाद में कलकत्ता के करेंसी ऑफ़िस में जमा किया गया। जांच-परख के बाद, इन नोटों के एवज़ में थोड़ी-बहुत रक़म मिल सकी, जिसे हवेली वालों ने नेमत जानकर क़बूल किया।

ये सब तो हुआ, लेकिन बच्चे की जान से खेलने वाले चेहरे आगे भी हवेली में बने रहे। कहते हैं, हवेली के बुजुर्गों ने इस वाक़ए को कुछ 'बदज़ात' नौकरों की कारिस्तानी बताकर रफ़ा-दफ़ा कर दिया, और पहचान में आए चेहरों को भी इस संगीन जुर्म के लिए माफ़ी दे दी।

कहते हैं, ख़ेमों में फैली इस आग की स्याही लंबी मुद्दत तक, किसी आसेब की तरह हवेली के दरो-दीवार पर छाई रही। आज भी इस आसेब के ज़िंदा असरात बस्ती की बे-चिराग़ गलियों में, कुछ अफ़सुर्दा हवेलियों के इर्द-गिर्द, महसूस किए जा सकते हैं।

बेगम नवाब का कंगन

अबके जो नवाब साहब तीन महीने लखनऊ रहकर लौटे तो तन्हा नहीं थे।

उनके हमराह एक हसीन व खुशगुलू रक़्क़ासा भी थी।

बस्ती वाले नवाब साहब की आशिक़ी से यूं तो अच्छी तरह वाक़िफ़ थे, लेकिन वो इस तरह एक रक़्क़ासा के साथ हवेली में क़दम रखेंगे, इस बात का अंदेशा उन्हें क़तई नहीं था।

रक़्क़ासा आई तो हवेली के साथ-साथ बस्ती-भर में ज़बरदस्त हलचल हुई। ख़ानदान वाले तो शशदर थे ही, हवेली के मुलाज़िम, ख़ादिमाएं और दीगर अमले भी रंज-व-ग़म में मुब्तला हो गए। उन्हें नेकदिल बेगम नवाब से ख़ास लगाव था। उनके दिल पर इस वाक़ए ने क्या क़हर ढाया होगा, यह सोच कर ही सब के सब हलकान हो रहे थे।

हवेली की नई मेहमान का क़याम कहां होगा, उनकी महफ़िल कहां सजेगी, इसे लेकर भी इब्तिदा में हंगामे की सूरत रही। लेकिन आख़िरकार नवाब साहब की हवेली का बाहरी हिस्सा उनकी रिहाइश के तौर पर क़रार पाया। आराम-व-आसाइश की तमाम सहुलियात से हवेली के इस हिस्से को आरास्ता किया गया। इस बात का ख़्याल रखा गया कि हवेली के ज़नाना हिस्से से इसकी अच्छी दूरी बनी रहे, ताकि

हवेली की औरतों-बच्चियों पर उसकी नहूसतों का साया नहीं पड़े।

हफ़्ता-दस दिन तो हवेली वालों ने समझा कि रक्क़ासा अपनी महफ़िलें सजाकर लखनऊ लौट जाएगी। लेकिन नवाब साहब ने अपने लखनऊ क़्याम के दौरान उससे जो अहद-व-पैमान किए थे, उसने रक्क़ासा की हैसियत ही बदल दी थी। आहिस्ता-आहिस्ता, उसने हवेली की तमाम बेगमात पर सब्क़त हासिल कर ली। बेगम नवाब को हवेली में अपनी क़द्र-व-क़ीमत के ज़वाल का एहसास हो चला था। उनके सामने सरे तस्लीम ख़म करने के अलावा कोई रास्ता नहीं बचा था।

एक दिन बेगम नवाब ने किसी भरोसेमंद ख़ादिमा से नवाब साहब को पैग़ाम भेजा कि वो उनसे मुलाक़ात की ख़ाहिश रखती हैं।

शाम की महफ़िल से पहले, लंबी मुद्दत के बाद, नवाब साहब ज़नानख़ाना तशरीफ़ लाए। बेगम रिवायती अंदाज़ में उनके इस्तक़बाल को आगे बढ़ीं, तो नवाब साहब का दिल पसीजने को आमादा हुआ।

'अब जब कि वो आपकी ज़िंदगी का हिस्सा बन ही चुकी हैं, आप उनसे बाक़ायदा हमारा तआरुफ़ क्यों नहीं कराते। हम उन्हें हवेली में मदऊ करना चाहते हैं। आप यक़ीन रखें, हम उनके इस्तक़बाल में कोई कमी नहीं होने देंगे। दिलोजान से उन्हें ख़ानदान का फ़र्द क़बूल करने में हमें कोई ताम्मुल नहीं होगा। पर वो इस तरह पोशीदा तौर पर आपसे ताल्लुक़ात रखें, यह हमें किसी सूरत मंज़ूर नहीं।'

नवाब साहब हैरत-व-इस्तेजाब में डूब गए। उन्हें अव्वल तो ख़दशा था कि बेगम इन्तेहाई तुर्श लहजे में उनसे कलाम करेंगी, अपनी जुबूंहाली पर नौहा करेंगी, उन्हें उनकी अवक़ात बताएंगी और रक्क़ासा से अपने रिश्ते फ़ौरी तौर पर ख़त्म करने का हुक्म सादिर करेंगी। ऐसा कुछ नहीं होते देख नवाब साहब सचमुच हैरतज़दा थे।

'मैंने सिद्क़-दिल से यह बात कही है। मैं वाक़ई उन्हें अपने कुनबे का फ़र्द मानने को राज़ी हूं। आप कहें तो मैं उनके रस्मी इस्तक़बाल के सारे इंतज़ाम शुरू करती हूं।'

नवाब साहब के लिए अब ख़ामोश रहना किसी सूरत मुमकिन नहीं था। उन्हें ज़बान खोलनी ही पड़ी।

'मैं आपकी जानिब से मुतरद्दुद था। आपने अपनी तजवीज़ से मुझे जो राहत बख़्शी उसके लिए शुक्रगुज़ार हूं। इस बार, लखनऊ क़याम के दौरान, हालात ने जो सूरत इख़्तियार की उसकी तफ़सील बताकर मैं आपको मज़ीद रंजीदा नहीं करना चाहता। बस यूं समझिए मैं हालात से मुतसादुम होने की ताब नहीं ला सका। यक़ीन मानिए, मैं न तो आपके हुकूक के दायरे में किसी तरह की तख़फ़ीफ़ होने दूंगा और न आपके ख़िलाफ़े मिज़ाज हवेली में किसी नक़्ल-व-हरकत को हवा दूंगा। मेरी नज़र में आप का दर्जा हमेशा की तरह मुक़द्दम रहेगा।'

'तो मैं हवेली में इनकी आमद पर एक शानदार दावत का नज़्म करती हूं। उनके लिए उरूसी जोड़े और ज़ेवरात का भी इंतज़ाम करती हूं।'

कहते हैं, उस शाम नवाब साहब महफ़िल में आए तो उनका चेहरा पहले से कहीं ज़्यादा पुरशिकोह नज़र आया। हफ़्तों से, उनकी पेशानी पर, फ़िक्र-व-तरद्दुद ने जो डेरा डाल रखा था, वो नाबूद था। महफ़िल में शरीक बस्ती के अशराफ़ की हस्सास निगाहों ने नवाब साहब के चेहरे में आई इस ख़ुशनुमा तब्दीली को न सिर्फ़ महसूस किया, बल्कि उनकी बाछें खिल गईं।

नवाब साहब की महफ़िल में रंग-व-नूर से भरी वो शाम सालहासाल बस्ती वालों को न सिर्फ़ याद रही, बल्कि उसका ख़्याल आते ही उनके जिस्म-व-जां में एक अजीब हरकत पैदा हो जाती।

रक़्क़ासा भी नवाब साहब की खुशदिली से मुतास्सिर हुए बग़ैर नहीं रही। उस शाम उसने महफ़िल में अपने हुस्न-व-तरन्नुम के ऐसे जलवे बिखेरे जो शायद खुद उसके लिए बिल्कुल नए और ग़ैर-आज़माए थे।

अगले कुछ दिन बेगम नवाब ने रक़्क़ासा के लिए उरूसी जोड़े और ज़ेवरात तैयार करने में सर्फ़ किए। रक़्क़ासा के बदन का नाप लेने के लिए जिस ख़ादिमा को तैनात किया गया वो नाप लेकर लौटी तो हवेली की औरतों के बीच सवाल-जवाब का एक तवील सिलसिला चल पड़ा। कमसिन बहु-बेटियों ने बारीक से बारीक नुक्ते निकाले और ख़ादिमा उनके सवालों के जवाब देने में पसीने-पसीने हो गई। बड़ी मुश्किल से उसने फुर्सत पाई और बेगम नवाब की ख़िदमत में हाज़िर हुई।

लिबासे उरूसी से मुहलत मिली तो बेगम नवाब ने अपने ख़ानदानी ज़ेवरात का संदूक़ खोला। जितने ज़ेवर खुद उनकी पसंद के थे एक-एक करके निकालती गईं। बदन के तमाम ज़ाहिरी हिस्से किस तरह ज़ेवरात से ढंक दिए जाएं, बेगम इसी फ़िक्र में घंठों परेशान रहीं।

ग़रज़ ज़ेवरात के सेट तैयार कर लिए गए।

तय पाया कि हवेली के अंदरख़ाने में जिस दिन उरूसे नव का इस्तक़बाल हो, ख़ादिमाएं लिबास-व-ज़ेवरात नीज़ मिठाइयां लेकर हवेली के बाहरी हिस्से में जाएंगी। रक़्क़ासा को दुल्हन की तरह आरास्ता करने की ज़िम्मेदारी उस मख़सूस ख़ादिमा को सौंपी गई, जो इस फ़न में महारत रखती थी।

बस्ती भर में अशराफ़ज़ादियों को बेगम नवाब की तरफ़ से शीरनी और मेवों के साथ-साथ शाम की दावत में शरीक होने के लिए पैग़ाम भेजे गए। अशराफ़ज़ादियों के बीच चे-मी-गोइयों का बाज़ार गर्म रहा। कुछ

ने इसे अपनी सुबकी क़रार देते हुए दावत में शरीक होने से माज़ूरी ज़ाहिर करना चाही। लेकिन दावतनामा बेगम नवाब की तरफ़ से आया था, जिनके लिए उनके दिल में हद दर्जा एहतेराम था। सो आख़िरकार अशराफ़ज़ादियों ने मुतफ़िक्क़ा तौर पर दावत में शरीक होने का फ़ैसला कर लिया।

कहते हैं, जब शाम में दरे एहतिमाम वा हुआ तो बस्ती वालों की आंखें चुंधिया गईं। नवाब साहब की हवेली में ऐसी रौनक़ एक तवील मुद्दत के बाद देखी गई। जब बेगम नवाब दुल्हन बनकर हवेली में दाख़िल हुई थीं, कहने वालों को याद है, तब भी ऐसी ही बारौनक़ महफ़िल सजाई गई थी। फ़र्क़ सिर्फ़ इतना था कि आज बेगम नवाब ने ख़ुद अपने हाथों में सारे इंतज़ाम की बागडोर संभाल रखी थी।

महफ़िल जब पूरी तरह सज गई, तमाम अशराफ़ज़ादियां अपनी जगहें संभालकर बैठ गईं, तो बेगम नवाब का इशारा पाकर ख़ादिमाएं हवेली के बाहरी हिस्से से रक्क़ासा को लेकर अंदरख़ाने को चलीं। कुछ अनोखे एहसासे तमकिनत-व-वक़ार के साथ रक्क़ासा मसनदे ख़ुसूसी की तरफ़ बढ़ी, जहां बेगम नवाब पहले से उसके इस्तक़बाल को मौजूद थीं। उन्होंने उसकी बलाएं उतारीं और मसनदे उरूसी पर बैठाया।

मजमा कुछ इस तरह ख़ामोश व साकित था कि सब के दिलों की धड़कन ब-आसानी शुमार की जा सकती थी।

अशराफ़ज़ादियों में से बाज़ तोहफ़े लेकर आई थीं, जो उन्होंने रक्क़ासा की नज़्र किए। कुछ ने सिक्के न्योछावर किए। तहज़ीब-व-आदाब में ढली रक्क़ासा ने सलाम-व-तस्लीम के जौहर दिखाए।

पुरलुत्फ़ तआम की मंज़िल से होकर, निस्फ़ शब को बेगम नवाब की यह दावत एख़्तिताम को पहुंची। रक्क़ासा ने अपने हुस्ने सुलूक से सब

को अपना गिरवीदा बना लिया था। सारी सरगोशियां, सारी अफ़वाहें, अपना ज़हर खो चुकी थीं।

बस्ती की अशराफ़ज़ादियों ने ख़ास तौर से देखा कि बेगम नवाब खुद भी इस मौक़े पर कम दिलकश नहीं लग रही थीं। खुशरंग लिबास के साथ-साथ उन्होंने क़ीमती ज़ेवरात ज़ेबे तन किए थे। कलाइयों से लेकर गले और कान से पेशानी तक उनकी ज़ेबाई निगाहों को ख़ीरा किए दे रही थी।

उस रात बेगम नवाब को जैसी नींद आई, शायद पहले कभी न आई हो। उनकी इस दावत ने बस्ती वालों की अफ़वाह-परवर ज़बान पर ताले जड़ दिए थे। उस रात, अशराफ़ज़ादियां, जो अपनी-अपनी हवेलियों में, चटख़ारे ले-लेकर नवाब साहब और रक़्क़ासा के रूमानी क़िस्से बयान करती नहीं थकती थीं, अपने लबों पर मुहरे सुकूत लिए हवेली लौट रही थीं। इनमें इतनी सकत भी नहीं रह गई थी कि दावत से मुताल्लिक़ अपने शोहरों के सवालों के जवाब देतीं।

इधर नवाब साहब रक़्क़ासा के साथ महवे ख़ाब थे। जिस इन्हेमाक और दिल-जूई के साथ बेगम नवाब ने रक़्क़ासा का इस्तक़बाल और दावत का एहतेमाम किया था, उससे नवाब साहब की रूह भी आसूदा थी।

सवेरे, ख़ादिमा फलों और क़हवे के तश्त लेकर नवाब साहब के कमरे पहुंची तो उसे अंदर से बंद पाया।

आफ़ताब पहाड़ की बुलंदियां तय कर रहा था कि कमरे का दरवाज़ा खुला। ख़ादिमा ने देखा, नवाब साहब की आंखें खुमार से बोझिल हो रही थीं। सामने मेज़ पर ढेर सारे ज़ेवरात पड़े थे, जो रक़्क़ासा ने सोने से क़बल अपने बदन से उतारे थे।

'बेगम, इन ज़ेवरात को संभालकर संदूक़ या अल्मारी में रख दें। कमरे की सफ़ाई के लिए दाई-नौकर आएंगे। इनका इस तरह बाहर पड़ा रहना ठीक नहीं।'

ख़ादिमा ने फ़िनजान नवाब साहब और रक्क़ासा को थमाते वक़्त दबी ज़बान से कहा।

नवाब साहब को शतरंज का भी शौक़ था। नाश्ते से फ़ारिग़ होते ही बिसात बिछा कर बैठ गए। रक्क़ासा उनके इस शौक़ से वाक़िफ़ थी। इतने दिनों में वो इस शौक़ में नवाब साहब का साथ देना अच्छी तरह सीख गई थी।

पांसे चलते-चलते, अचानक नवाब साहब के घुंघराले बालों के एक गुच्छे को अपनी उंगलियों से सहलाते हुए रक्क़ासा ने सरगोशी के अंदाज़ में कहा-

'नवाब साहब, एक बात कहूं!'

'ज़रूर।' नवाब साहब ने रक्क़ासा की शोख़निगाही का असर महसूस करते हुए जवाब दिया।

'बेगम साहिबा मुझ पर बहुत मेहरबान हैं। इतना क़ीमती लिबास, अपने बेशबहा ज़ेवरात उन्होंने मुझे अता किए। इतनी शानदार दावत का एहतेमाम किया। ख़ुद मेरी बलाएं लीं, मेरी नज़र उतारी...'

'हां, सही, ये सब उनने ख़ुद किया। ख़ुद मेरे आगे उन्होंने इस तक़रीबे ख़ास की तज्वीज़ रखी। मैं तो ख़ौफ़ज़दा था, कहीं उनके ग़ैज़-व-ग़ज़ब का शिकार न होना पड़े। अपनी बातों से उन्होंने मुझे तो सचमुच हैरत में डाल दिया। आपके लिए उन्होंने जो कुछ किया, उनके ख़ुलूस का

ही नतीजा था। आपने देखा नहीं, उनके इस सुलूक ने अशराफ़ज़ादियों की ज़बान गुंग कर दी। सारे फ़ितने ख़ाक में मिल गए। वरना ख़ुदा मालूम कब तक क़िस्से-कहानियों का दौर चलता रहता। मैं पूरी तरह मुतमइन हूं। अब मेरे रास्ते में कांटे नहीं।'

'मुझे यक़ीन है, आप मेरी तरफ़ से उन्हें जो भी कहेंगे, बेगम नवाब बखुशी क़बूल फ़रमाएंगी। उन्हें हम दोनों की खुशी की ख़ातिर कोई भी कुर्बानी मंज़ूर होगी। मैं उनके हुस्ने सुलूक से मुतास्सिर होकर ही यह बात कह रही हूं।'

'लेकिन, ऐसा क्या है जो आप मुझे, उनसे कहने को आमादा कर रही हैं?'

नवाब साहब, जो अब तक किसी क़दर अलसाय, शतरंज की गोटियों से खेल रहे थे, कुछ चौंके हुए लहजे में बोले।

रक्क़ासा ने निहायत दिलकश अंदाज़ में अपनी बाहें नवाब साहब के गले नें डालकर कहा- 'मुझे ... मुझे बेगम नवाब की ख़ूबसूरत कलाइयों में पड़े वो कंगन बहुत पसंद हैं। आप कहेंगे तो वो बखुशी मुझे ये कंगन इनायत कर देंगी।'

नवाब साहब अपने चेहरे का तग़ैय्युर छिपाने के मक़सद से छत पर लगे ख़ूबसूरत झालरों की तरफ़ देखने लगे।

कमरे में गहरी ख़ामोशी छा गई।

रक्क़ासा ने अपनी सुनहरी पोशाक के एक सिरे से नवाब की पेशानी पर उभर आई लकीरों को समेट लेने की कोशिश की।

लेकिन नवाब साहब कहीं और थे। उनकी आंखों के सामने बेगम नवाब की कलाइयों में पड़े भारी-भरकम कंगन की तीलियां घूम रही

थीं। वही कंगन, जो उनकी मां ने, चौथी के मौक़े पर, रू-नुमाई के वक़्त, ख़ुद अपने हाथों से बहू को पहनाए थे। ख़ास-ख़ास मौक़ों पर ही बेगम नवाब ये ख़ानदानी कंगन अपनी कलाइयों में डालती थीं।

नवाब साहब को महसूस हुआ, किसी ने उन्हें सातवें आसमान की बुलंदियों से नीचे समुंदर की गहराइयों में फेंक दिया हो, और उनकी सांसें एकबारगी उखड़ गई हों।

काफ़ी देर तक कमरे में गहरा सुकूत क़ायम रहा।

अचानक इस सुकूत को तोड़ते हुए नवाब साहब ने कहा-

'सामाने सफ़र तैयार करें। उरूसी जोड़े, दीगर पोशाकें और ज़ेवरात अपने साथ ले जाएं। घंटे-भर के बाद स्टेशन से गाड़ी खुलेगी। एक ख़ास मुलाज़िम आपके साथ जाएगा।...'

रक़्क़ासा ने कुछ कहने को अपने लब खोले ... पर नवाब साहब का लहजा अचानक सख़्त हो गया था।

'मैंने कहा ना, सामाने सफ़र तैयार करें...।'

नवाब साहब और रक़्क़ासा के दरम्यान गुफ़्त-व-शुनीद के सभी रास्ते अचानक मुनक़तअ हो गए थे।

कुछ देर बाद, नवाब साहब की हवेली से एक तांगा बाहर निकला।

तांगा स्याह पर्दों से ढंका था।

तांगे वाले के सिवा, बस्ती में किसी और को पता नहीं था, इन पर्दों के पीछे बैठने वाला मुसाफ़िर कौन है, उसकी मंज़िल क्या है!

दरगाह की सीढ़ियां

पांचवें दिन, शाकी नवाब के दोनों बेटे बस्ती में लौट आए।

हवेली में सब उनके मुंतज़िर थे।

साथ में किसी और को नहीं देखकर, सब ने एक साथ पूछा-

'क्या हुआ? ख़बर सही नहीं थी? तुम लोगों ने ठीक-ठीक देखा तो?'

दोनों बेटे कुछ देर ख़ामोश रहे।

फिर एक ने ज़बान खोली -

'हम ने ठीक-ठीक देखा। पता बिल्कुल सही था। वह एक दरगाह थी, जिसके निचले ज़ीने पर एक ख़स्ताहाल आदमी सोया-पड़ा था। दरगाह वालों ने हमें बताया, वो गुज़श्ता कुछ महीनों से इसी तरह दरगाह की सीढ़ियों पर ख़ामोश पड़े रहते हैं। किसी से कुछ कहते नहीं। हमारे लाख पूछने पर भी, ज़बान नहीं खोलते। न खाना मांगते हैं, न पानी। दरगाह की ज़ेयारत को आए लोग, ज़ीना उतरते वक़्त कुछ सिक्के, कुछ नोट उनकी चादर पर फेंक जाते हैं। वो अपनी आंखें खोले, ख़ामोश सब कुछ देखते रहते हैं। हर शाम, दरगाह के किसी मुलाज़िम को बुलाकर दिन-भर के पैसे थमा देते हैं।'

'तुम ने चेहरा पहचाना? ख़त में तहरीर तो उन्हीं की थी ना?'

'क्या तुमने वो ख़त उन्हें दिखाया?'

'जी, दिखाया। ख़त देखकर उन्होंने सर हिलाया। उनकी आंखों में आंसू थे।'

'फिर तो वही होंगे, क्यों?'

'हमने देखा, वो हमें पहचान रहे थे। भाई को उन्होंने नाम से पुकारा भी। मुझे पहचानने में उन्हें थोड़ी दिक़्क़त हुई।'

'तुम ने ठीक कहा, जब वो पागलख़ाने से अचानक ग़ायब हुए, तुम बहुत छोटे थे। फिर तो ये वही हैं। ख़त में तहरीर क्या उन्हीं की थी?'

'जी, पता तो दरगाह के मुजाविर ने लिखा था, लेकिन ख़त उन्हीं ने लिखा था। हवेली का पता भी उन्होंने ख़ुद ही बताया था।'

'फिर तुम उन्हें अपने साथ क्यों नहीं लाए?'

पूछने वाली एक दराज़-क़द ज़ईफ़ा थीं।

बेटे ख़ामोश रहे। किसी ने उनके सवाल का जवाब नहीं दिया।

कहते हैं, वाक़या कुछ इस तरह पेश आया:

शाकी नवाब की सलाहियतों पर हवेली वालों को नाज़ था। इलाक़े भर के लोग उन्हें एक होनहार नवजवान के तौर पर जानते थे। कॉलेज-यूनिवर्सिटी के दिनों में अपने दोस्तों के बीच बेहद मक़बूल। शेर-व-शायरी का अच्छा ज़ौक़। मुक़ामी मुशायरों में उनका कलाम बड़े चाव से सुना जाता।

इन्हीं ख़ूबियों के सबब हवेली वालों ने पढ़ाई मुकम्मल होते ही उनका रिश्ता ख़ानदान की ही एक लड़की के साथ तय कर दिया।

बारात नज़दीक के एक बड़े शहर गई। धूमधाम और पुरलुत्फ़ इहतिमाम के साथ शादी की रस्में अंजाम पाईं। शहर के तमाम शोरफ़ा मदऊ रहे। ख़ानदान भर के लोग तक़रीब में शरीक हुए।

लेकिन बारात के बस्ती वापिस लौटते ही हवेली में ख़लफ़िशार मच गया।

शाक़ी बेगम ने हवेली में दाख़िल होते ही एक नवजवान कनीज़ को निशाना बनाते हुए उस पर शाकी नवाब से ताल्लुक़ रखने की तोहमत लगा दी।

शाक़ी बेगम कनीज़ के ज़दोकोब पर उतर आईं।

सारी हवेली परेशान थी कि नई-नवेली दुल्हन को आख़िर हुआ क्या। ख़वातीन, जो हवेली में उनके इस्तक़बाल के लिए जमा हुई थीं, हैरत-व-ग़म में डूब गईं। दर असल, वो सब बड़े हौसले के साथ शाकी नवाब की शादी का जश्न मनाना चाहती थीं।

उनके हौसलों पर शाकी बेगम ने एकबारगी पानी फेर दिया था।

शाक़ी बेगम का असली नाम कुछ और था। वो अपने घर में किसी और नाम से जानी जाती थीं। ये नया नाम तो शादी के बाद हवेली की औरतों ने उन्हें दिया था।

जैसे-जैसे शाकी बेगम की बाज़ ख़सलतों का असर नवाब पर ज़ाहिर होने लगा, हवेली की औरतें उन्हें भी इसी नाम से पुकारने लगीं। आहिस्ता-आहिस्ता, घर-बाहर, बड़े- छोटे, सब उन्हें इस नाम से ही जानने लगे।

शाकी नवाब पहले वकालत करने के ख़ाहिशमंद थे। लेकिन घर में आई बद-इंतज़ामी और बिगड़ते माहौल को देखकर, बाद में, उन्होंने

इरादा बदल दिया और बस्ती के एक हाई स्कूल में उर्दू-अंग्रेज़ी पढ़ाने लगे।

शाकी नवाब ने खुद्दार तबीयत पाई थी। हवेली से कोई माली इमदाद लेना उन्हें मंज़ूर नहीं था। वो अपनी क़लील आमदनी से ही घर के सारे ख़र्च चलाना चाहते थे। लेकिन शाकी बेगम के लिए नवाब की यह खुद्दार-मिज़ाजी वबाले जान बन गई।

वो ब्याह करके हवेली में राज करने के ख़ाब लेकर आई थीं।

शुरू के कुछ साल तो किसी सूरत गुज़र गए, लेकिन एक रोज़ अचानक शाकी बेगम अपने सारे साज़-व-सामान के साथ बस्ती छोड़कर अपने शहर चली गईं।

उस शाम, शाकी नवाब स्कूल से वापिस आए तो हवेली के उस हिस्से में सन्नाटा पसरा था। जाते-जाते, बेगम ने तमाम मुलाज़िमों, कनीज़ों को हवेली से बाहर कर दिया था। शाकी नवाब स्कूल से लौटे तो हवेली में कोई उन्हें पानी के लिए पूछने वाला भी मौजूद नहीं था।

शाकी नवाब ने घबरा कर अपनी वालिदा, यानी बड़ी बेगम, की हवेली का रुख़ किया।

बड़ी बेगम, शुरू से, इस रिश्ते के हक़ में नहीं थीं, लेकिन बड़े नवाब की ज़िद के आगे बेबस होकर रह गईं।

'मैंने लाख समझाने की कोशिश की, लेकिन दुल्हन नहीं मानीं। सर पर जुनून सवार था और ज़बान पर मुग़ल्लज़ात। हमारी तीन पुश्तों को लानत-मलामत करती रहीं। आवाज़ इतनी तेज़ और नाज़ेबा कि हवेली की सब औरतें सहम गईं। मैं तो सेहन में एक किनारे ख़ामोश खड़ी सब कुछ सहती रही। बेटा, मैं बदबख़्त हूं कि मुझे ऐसे दिन देखने पड़े।

अपने रब से दुआ करती हूं, मुझे ऊपर उठा ले।'

बड़ी बेगम ज़ार-क़तार रो रही थीं।

शाकी नवाब पर सकता तारी था।

उनका ज़ब्त टूटा, तो मां के क़दमों पर गिर पड़े।

शाकी नवाब के आंसुओं से बड़ी बेगम का दामन तर हो चला था!

कुछ लम्हों में ही, शाकी नवाब की दुनिया उजड़ गई।

मां को किसी तरह दिलासा देकर शाकी नवाब हवेली से बाहर आए।

बस्ती वालों ने देखा, वो तन्हा पहाड़ को जाने वाले रास्ते पर निकल पड़े हैं।

रिश्तेदारों-ताल्लुक़दारों में किसी को उन्हें रोकने-टोकने की हिम्मत नहीं हुई।

इस वाक़ए के बाद, शाकी नवाब कई-दिन बस्ती में किसी को दिखाई नहीं दिए। स्कूल में भी न वो ख़ुद आए, न उनकी कोई अर्ज़ी आई।

एक हफ़्ता बाद, शाकी नवाब स्कूल आए, तो उनकी हालत ग़ैर थी। गंदे कपड़े, बढ़ी हुई दाढ़ी और बिखरे बाल ने उन्हें किसी क़दर बीमार और बदहाल बना दिया था। आंखों में जैसे उदासी ने अपने ख़ेमे नस्ब कर दिए हों।

इस दरम्यान, स्कूल वालों को कुछ-कुछ हालात का इल्म हो चला था।

उनकी हमदर्दी शाकी नवाब के साथ थी।

देर तक वो स्टाफरूम में ख़ामोश एक किनारे बैठे सिग्रेट पीते रहे। साथियों ने चाय मंगाई, तो उन्होंने पानी तलब किया।

कुछ दिनों में ही शाकी नवाब का ख़ूबसूरत और पुरअज़्म चेहरा झुलस गया था।

चाय आई, तो शाकी नवाब ने शायद एक घूंट भी नहीं पी हो कि उनके एक दोस्त-टीचर एक पोस्टकार्ड लिए स्टाफरूम में दाख़िल हुए।

'डाकिया आया था। आपके नाम यह ख़त दे गया।'

शाकी नवाब ने पोस्टकार्ड पर नज़र डाली। तहरीर शाकी बेगम की थी।

शाकी नवाब पोस्टकार्ड लिए स्टाफरूम से बाहर बरामदे पर आ गए। वो ख़त पढ़ते जाते थे और चेहरे का रंग बदलता जाता था। ख़त में उन पर संगीन तोहमतें लगाई गई थीं, और उनकी तीन पुश्तों के लिए निहायत तल्ख़ और ना-मोहज़्ज़ब फ़िक़रे इस्तेमाल किए गए थे।

शाकी नवाब को अचानक ख़्याल आया, ज़रूर ही डाकिए ने यह खुला ख़त पढ़ लिया होगा। और फिर वो शख़्स, जो उन्हें यह ख़त दे गया, उसने तो ज़रूर ही इसे पढ़ा होगा। तो क्या कुछ ही देर में इस ख़त का मज़मून पूरे स्कूल और फिर पूरी बस्ती में मुशतहर हो जाएगा!

शाकी नवाब बदहवासी में डूबे स्कूल से बाहर निकले, तो उन पर जुनून का साया तारी था। चाक-दामानी का मंज़र लिए जब वो हवेली में दाख़िल हुए, तो हवेली की ग़मज़दा औरतों में कुहराम मच गया।

चार तरफ़ आहोबुका का आलम तारी हुआ।

हवेली के बुजुर्गों ने तजुर्बेकार हकीमों को ख़बर भेजी।

हकीम आए तो उन्हें तमाम हालात बताए गए। ख़त का मज़मून भी दिखाया गया।

तजुर्बेकार हकीमों ने शाकी नवाब की कैफ़ियत और वहशतनाक सूरत देखी तो एक राय से इसे जुनून की संगीन अलामत बताया, और कुछ क़ीमती दवाएं तजवीज़ कर दीं।

दवाओं के बावजूद, शाकी नवाब का मर्ज़ बढ़ता गया। नौबत यहां तक आई कि उन्हें रस्सियों से बांध कर हवेली के एक गोशे में रखा जाने लगा।

उनकी बिगड़ती हालत को देखकर, एक रोज़, हवेली के बुजुर्गों ने उन्हें इलाज की ख़ातिर पागलख़ाने में दाख़िल कराने का फ़ैसला कर लिया।

अफ़रातफ़री में, बस्ती के कुछ कारिंदे उन्हें पागलख़ाने छोड़ आए।

कहते हैं, इसी पागलख़ाने से, एक रात, शाकी नवाब अचानक ग़ायब हो गए।

तब से लेकर आज तक एक तवील अरसा गुज़र गया। शाकी बेगम या उनके रिश्तेदारों ने कभी यह जानने की कोशिश नहीं की कि शाकी नवाब कहां हैं, कैसे हैं। ज़िंदा हैं भी, या ज़मीन के किसी ख़ित्ते में अबदी नींद सो गए।

बस्ती वाले, ताल्लुक़दार-नातेदार, सभी, अहिस्ता-आहिस्ता, उन्हें भूलते गए। सिर्फ़ जब शेर-व-शायरी की उजड़ी महफ़िलें सजतीं तो बस्ती वालों के ज़ेहन में एक नवजवान और ख़ुशगुलू शायर का चेहरा उभर आता, जो कभी अपने कलाम और तरन्नुम से पूरी महफ़िल पर छा जाया करता था।

एक दिन, बस्ती में एक अफ़वाह फैली (सच जानिए, इसे एक अफ़वाह ही कहना चाहिए) कि शाकी नवाब ज़िंदा हैं और यह भी कि उन्होंने हवेली वालों को एक ख़त भेजा है। ख़त में अपना पूरा पता भी दिया है। ख़त का मज़मून कुछ इस तरह है :

'मैं सख़्त बीमार हूं। बचने की उम्मीद नहीं। आख़िरी सांस बस्ती की फ़िज़ा में लेना चाहता हूं। इस हालत में नहीं कि ख़ुद चलकर बस्ती आ सकूं। मेरे बेटे, जो अब बड़े हो गए होंगे, मुझे आकर बस्ती ले जाएं, तो ज़िंदगी के इन आख़िरी लम्हों में मुझे कुछ सुकून मिल जाए।'

बस्ती के ताल्लुक़दार-बुज़ुर्गवार ख़त पढ़कर आपस में मश्विरा करने बैठे कि ऐसे में अब क्या करना चाहिए।

एक ने कहा-

'मुमकिन है, किसी ने ख़ानदान को परेशान करने के लिए यह फ़र्ज़ी ख़त लिख दिया हो। ज़िंदा हैं, तो आख़िर इतने दिनों तक ख़बर क्यों नहीं की। अब, इतने बरसों बाद, ख़त भेजकर हैजान पैदा करने का मक़सद क्या है? हमें इस ख़त की कोई नोटिस नहीं लेनी चाहिए।'

'लेकिन तहरीर तो उन्हीं की बताते हैं।' दूसरे ने कहा।

तीसरा बोला, 'हवेली से नज़्मों-ग़ज़लों की बेयाज़ निकालकर लाओ। हुरूफ़ मिलाकर देखो। ज़रूर ही, बस्ती के किसी शर-पसंद आदमी ने हमारे साथ गंदा मज़ाक़ किया है।'

कोई बेयाज़ ढूंढ़कर ले भी आया। शाकी नवाब की पुरानी तहरीर मिलाई गई।

इनकार की कोई गुंजाइश नहीं थी!

बुज़ुर्गों ने तय किया कि सूरतेहाल व ख़त की तफ़सील शाकी बेगम

और उनके घर वालों को बताई जाए, और फ़ैसला उनके अज़ीज़ों पर छोड़ दिया जाए।

दूसरे दिन, हवेली का एक मुलाज़िम शाकी नवाब का ख़त, पुरानी बेयाज़ और ताल्लुक़दारों के शुब्हात की तफ़सील लेकर पड़ोसी शहर को निकला।

शाकी बेगम के ख़ानदान के बुजुर्ग बैठे। हर पहलू से हालात का जायज़ा लिया गया। आख़िर को यह तय पाया कि शाकी नवाब के दोनों बेटे पोस्टकार्ड में दिए गए पते पर रवाना हों। साथ में, पोस्टकार्ड भी ले जाएं, ताकि उसकी असलियत सामने आ सके।

शाकी बेगम ने सलाह-मश्विरे से खुद को बिल्कुल अलग रखा।

वो घर के दीगर कामों में मसरूफ़ रहीं।

नशिस्तगाह में चल रही गुफ़्तगू में, बज़ाहिर, उनकी कोई दिलचस्पी नहीं थी।

शाकी बेगम के दोनों बेटे आज बस्ती लौट आए हैं।

उनके साथ शाकी नवाब नहीं हैं।

अब बेटों को ताल्लुक़दारों के सवाल झेलने पड़ रहे हैं।

'तुम दोनों ने जब तस्दीक़ कर ली कि वो तुम्हारे वालिद शाकी नवाब ही हैं, तो फिर क्या किया? तुम्हारी मुलाक़ात के वक़्त कोई और भी वहां मौजूद था?'

'जी हां, दरगाह का मुजाविर। वही, जिसने उनसे ख़त लिखवाया था। हमारी मुलाक़ात के वक़्त वो मौजूद था।'

'फिर तुमने क्या किया? उन्हें अपने साथ क्यों नहीं लेते आए?'

'हमने उन्हें बहुत बुरी हालत में देखा। वो एक संगीन मर्ज़ के शिकार हैं। उनके हाथ-पैर नाकाम हो चुके हैं। महीनों से, वो दरगाह की सीढ़ियों पर मुजाविरों के रहम-व-करम पर पड़े हैं! ज़ायरीन उन्हें मजबूरे महज़ जानकर सदक़े के दो-चार पैसे उनपर फेंक जाते हैं। हमें देखते ही, उन्होंने पहचान लिया। भाई को पहचानने में वक़्त लगा। हमने देखा, राहगीरों में से किसी ने रहम खाकर उनके बदन पर एक स्याह कम्बल डाल दिया था। सब कुछ हो गया, तो मुजाविर ने हमसे पूछा-

'ये तुम्हारे वालिद ही हैं ना? तुम्हें पहचान लिया है, इन्होंने। मैं अक्सर इनसे बातें करता हूं। थोड़ी-बहुत मदद भी करता हूं। एक दिन मुझसे कहने लगे, अब मेरे मरने का वक़्त आ गया है। अपनी बस्ती में आख़िरी सांस लेना चाहता हूं। तब मेरे इस्रार पर अपनी बस्ती का नाम-पता बताया, और मैंने उन्हें घरवालों के नाम ख़त लिखने को कहा। अब आप इन्हें अपने साथ बस्ती ले जाएं। बस्ती में ही ये आख़िरी सांस लेना चाहते हैं।'

'लेकिन ... लेकिन ये हमारे वालिद नहीं ... हम इन्हें बिल्कुल से नहीं पहचानते। और यह ख़त भी उनकी तहरीर से मेल नहीं खाता। ये हमारे वालिद नहीं हो सकते। उन्हें गुज़रे तो अरसा बीत गया। हम इन्हें क्योंकर अपने साथ बस्ती ले जाएं।'

इतना कहकर हम दरगाह से लौट आए। हमारे पास कोई चारा नहीं था। हम उन्हें इस हालत में यहां लाकर बस्ती के लोगों को मुंह दिखाने के लायक़ नहीं रहते।'

कहते हैं, इस वाक़ए की दूसरी सुबह, मुजाविर को दरगाह की सीढ़ियों पर स्याह कम्बल से ढंकी एक बीमार शख़्स की लाश मिली।

कफ़न का इंतेज़ाम दरगाह की जानिब से हुआ।

दरगाह के वसीअ सेहन में ही लाश दफ़न की गई!

बस्ती के लोग आज भी याद करते हैं, उस रोज़, पहाड़ों के स्याह और लम्बे साये, दोपहर से पहले ही, बस्ती पर उतर आए थे, और बादलों ने क़यामत का क़हर ढाया था!

ख़ुदा निगहदार हो

बस्ती वालों को अब भी याद है, शादी की दूसरी सुबह, संझली बेगम ज़र्क-बर्क़ पोशाक और हीरे-जवाहर से भरी-भराई हवेली से रुख़सत हुई थीं।

लेकिन रूनुमाई के दूसरे दिन ही जब वो अचानक नवाब मंज़िल से बस्ती के लिए निकल पड़ीं, तो मेहमानों में बेचैनी छा गई। कुछ उनकी समझ में नहीं आया कि उस रात आख़िर ऐसा क्या हुआ कि बेगम ने रस्म-रिवाज भूलकर बस्ती जाने की ज़िद ठान ली।

बेगम जब नवाब मंज़िल से निकलीं तो उनके साथ बस्ती से आई उनकी एक ख़ास कनीज़ और कुछ ख़ादिमाएं थीं।

बेगम ने नवाब को भी अपने बस्ती लौटने के फ़ैसले की जानकारी उस वक़्त दी जब उनकी सवारी नवाब मंज़िल के पोर्टिको में सफ़र को तैयार खड़ी थी।

नवाब अचानक आए इस झटके के लिए मुतलक़ तैयार नहीं थे।

बेगम स्याह नक़ाब डाले सवारी में बैठीं, तो नवाब पर जैसे लर्ज़ा तारी हो गया!

ख़िलाफ़े तवक़्क़ा जब बेगम की सवारी बस्ती पहुंची तो बस्ती की फ़िज़ा में, चार तरफ़, यास के बादल छा गए। हर चेहरा अपने हमसाया

चेहरे की तरफ़ नज़र किए सकते में आ गया।

लेकिन किसी को हिम्मत नहीं थी कि वो हवेली की ज़ी-वक़ार हस्तियों से बेगम के इस तरह रूनुमाई के ठीक दूसरे दिन बस्ती लौट आने की वजह दरियाफ़्त करें।

बेगम का रिश्ता सरकार नवाब के एक ख़ास मशीर ने तय कराया था। नवाब से उनकी अपनी नातेदारी भी थी। कहते हैं, उनकी नज़रें बेगम की ज़मीन-जायदाद और ज़ेवरात पर तो टिकी थीं ही, वो नवाब से भी इस रिश्ते के एवज़ मुनासिब ख़िराज वसूल करने के मुतमन्नी थे।

बेगम की सवारी हवेली के सदर दरवाज़े तक पहुंची ही थी कि बस्ती की अशराफ़ज़ादियों का हुजूम वहां आन पहुंचा।

सबकी आंखों में एक ही सवाल था।

लेकिन कोई इस सवाल को आंखों की सरहद से बाहर निकालने की हिम्मत नहीं जुटा रहा था।

सरकार नवाब आख़िर को सरकार नवाब ही थे! उनके किसी निजी मामले पर ज़बान खोलने का मतलब था हवेली के दीवान से किसी ना-मुनासिब शेर की तरह ख़ारिज किया जाना। इसीलिए सभी रिश्ते-नातेदार जान की अमान चाहते हुए ख़ामोश रहे।

कई घंटों के बाद, हवेली के किसी बज़ाहिर मोतबर गोशे से यह ख़बर तरसील हुई कि रूनुमाई के वक़्त बेगम की तबीयत अचानक नासाज़ हो गई, और उन्हें बस्ती लौटना पड़ा।

ख़बर में यह भी कहा गया कि जल्द ही किसी अच्छी तारीख़ पर नवाब खुद बस्ती आकर उन्हें अपने साथ ले जाएंगे।

लेकिन हक़ीक़त यह है कि बेगम के नवाब मंज़िल जाने की वो अच्छी

तारीख़ कभी नहीं आई। इस सफ़र के बाद वो नवाब के जीते-जी नवाब मंज़िल नहीं गईं।

हवेली की ख़ास कनीज़ों में से एक ने, हफ़्तों बाद, अहिस्ता-आहिस्ता सरगोशियों में उस राज़ से पर्दा उठाया, जो आज तक बेगम के सीने में दफ़न था।

कहते हैं, रूनुमाई के वक़्त नवाब तख़्ते उरूसी पर मौजूद ज़रूर थे, लेकिन उनका ध्यान, कहीं और, हवेली के बाहरी हिस्से में मुक़ीम एक ख़ुसूसी मेहमान के ख़दोख़ाल में उलझा था।

रस्मे रूनुमाई में होने वाली ताख़ीर उन्हें गिरां गुज़र रही थी। घर की औरतों को कई बार उन्होंने रस्में समेटने का इशारा किया। बेगम उनकी इस बेताबी को महसूस कर रही थीं। औरतों ने नवाब के इशारों का कोई असर नहीं क़बूल किया।

दरअसल, वो रस्मों को मज़ीद तूल देने पर आमादा रहीं।

आख़िरकार, नवाब तख़्त से उठ गए।

नवाब मंज़िल की औरतों ने नवाब के इस तरह तख़्त से उठकर बाहर चले जाने को बदशगूनी की अलामत क़रार दिया।

इधर, नवाब मंज़िल के कुशादा सेहन में लगे शामियाने में दावत का दौर चल रहा था। नवाब कुछ देर के लिए मेहमानों के बीच नज़र आए। फिर वो हवेली के उस ख़ुसूसी हिस्से की तरफ़ चले गए, जहां इस मुबारक मौक़े को यादगार बनाने के लिए रक़्स-व-सुरूद की महफ़िल सजाई गई थी।

नवाब देर रात तक रक़्स-व-मौसीक़ी से लुत्फ़-अंदोज़ होते रहे।

बेगम तन्हा अपने हुजरे में उनकी राह देखती रहीं।

कब वो निढाल होकर बिस्तर के एक किनारे गिर पड़ीं, उन्हें ख़ुद नहीं मालूम।

सारी रात रक़्क़ासा की सोहबत में रहे नवाब जब बेगम के हुजरे में लड़खड़ाते क़दमों से दाख़िल हुए, सुबह होने में कुछ ही लम्हे बाक़ी थे।

इधर नवाब मदहोशी के आलम में बिस्तर पर गिरे, उधर पास की मस्जिद से अज़ान की आवाज़ सुनाई दी।

बेगम का पूरा बदन हैजानी कैफ़ियत से दो-चार था। किसी तरह उन्होंने ख़ुद को संभाला, और क़ालीन पर नमाज़ अदा करने बैठ गईं।

नमाज़ ख़त्म करते ही बेगम ने पास वाले कमरे से अपनी ख़ास कनीज़ को उठाया और सबसे पहले उसे ही अपने बस्ती लौटने के इरादे की जानकारी दी।

कनीज़ ख़ानगी मामलात की अच्छी और पुख़्ता समझ रखती थी। बेगम के साथ उनके कमरे में आते ही सारा कुछ उसकी समझ में आ गया। वो बेगम के मिज़ाज से अच्छी तरह वाक़िफ़ थी। उसे मालूम था, बेगम अपनी कनीज़ों से किसी बहस की तवक़्क़ो नहीं रखतीं।

हस्बे हिदायत, कनीज़ ने बेगम के थोड़े से कपड़े तैयार किए।

बेगम ने शादी का जोड़ा उतारा, ज़ेवरात तर्क किए और निहायत सादा लिबास में सफ़र के लिए तैयार हो गईं।

नवाब अब भी मदहोश बिस्तर पर ही पड़े थे।

जब सवारी नवाब मंज़िल के पोर्टिको में लग गई, तो घर की औरतों में से किसी ने बेहोश सोए-पड़े नवाब को झिंझोड़कर जगाया। उन्हें बताया

कि बेगम बस्ती वापिस जाने को तैयार बैठी हैं।

पहले तो नवाब को पूरी बात समझ में नहीं आई, पर जब बेगम ने ख़ुद उन्हें अपने फ़ैसले की जानकारी दी, तो उनका ख़ुमार अचानक जैसे उतर गया। लेकिन इससे पहले कि वो उनकी तरफ़ मोतवज्जह हों, बेगम स्याह नक़ाब में सवारी की पिछली सीट पर बैठ चुकी थीं।

कहते हैं, गुज़श्ता शब नवाब सिर्फ़ रक़्स-व-मौसीक़ी और मयनोशी में ही मुब्तला नहीं रहे, बल्कि रक़्क़ासा के इस्रार पर अपनी शादी की पहली रात भी उसके साथ ही गुज़ारी।

आख़िरे शब नवाब मंज़िल के ख़ादिमों ने उन्हें रक़्क़ासा के कमरे से उठाकर बेगम के हुजरे तक पहुंचाया। नींद और थकान से चूर बेगम देख नहीं पाईं कि नवाब अपने पैरों चलकर उसके बिस्तर तक आए या ख़ादिमों के कंधों पर।

बहरहाल, बेगम हवेली लौट आईं, और हवेली की फ़िज़ा कुछ और बदरंग हो गई।

इब्तिदाई कुछ महीने तो मायूसी और महरूमी में ही गुज़र गए। फिर नवाब मंज़िल की जानिब से कुछ बुज़ुर्गों ने पहल की और हवेली के बुज़ुर्गों से ताल्लुक़ात बहाल करने की दरख़ास्त की। साथ में, बेगम को भी यह समझाने की कोशिश की गई कि नवाब उस रात अपनी हरकत पर हद दर्जा नादिम हैं, बल्कि बेगम से माफ़ी के ख़ास्तगार भी हैं। वो ख़ुद बस्ती आकर बेगम को साथ ले जाना चाहते हैं।

ये सारी बातें मुख़्तलिफ़ ज़राए से बेगम तक पहुंचाई गईं। हवेली की बुज़ुर्ग औरतों ने भी बेगम को जज़्बाती अंदाज़ में समझाने-बुझाने की कोशिश की। उन्हें मिसालें देकर बताया गया कि नवाबों की ज़िंदगी में

ऐसे वाक़्यात अक्सर होते रहते हैं। उनकी दिलचस्पियों का दायरा बेहद वसीअ होता है। रक़्स-व-मौसीक़ी की महफ़िलें दरअसल उनकी ज़िंदादिली की अलामत हैं। और फिर यह भी कि खुद नवाब इस हादसे के बाद बेहद रंजीदा व ग़मगीन रहने लगे हैं। उन्होंने अपने दोस्त-अहबाब, सब से तर्के ताल्लुक़ कर लिया है। अब वो नवाब मंज़िल के एक गोशे में क़ैद होकर रह गए हैं। इस वाक़ए ने शहर में नवाब की शान-व-शौकत को पल-भर में ख़ाक कर दिया है। बेगम अपने हुस्न-ए-सलूक से नवाब का दिल जीत सकती हैं, और हालात ब-आसानी मामूल पर आ सकते हैं।

सरकार नवाब के मशीरे ख़ास को अपनी सारी उम्मीदें मादूम होती नज़र आ रही थीं। बदले हुए हालात में, उन्हें न हवेली की खुशनूदी हासिल थी, और न नवाब मंज़िल की। दोनों ही उनसे पहलू तही पर आमादा थे।

ज़ाहिर है, ऐसे में उन्हें अपनी दुनिया ही लुटती नज़र आ रही थी।

हवेली से उनके रिश्तों के तार बस टूटने ही वाले थे कि एक दिन उन्होंने बेगम तक रिसाई का मौक़ा ढूंढ़ लिया।

दरअसल, बेगम की तबीयत नासाज़ थी। बस्ती के एक मशहूर हकीम को लेकर मशीरे ख़ास हवेली पहुंचे, और ख़ैर से उन्हें बेगम का दीदार नसीब हुआ।

जब हकीम दवाएं देकर चले गए तो मशीर ने सर से टोपी उतार कर बेगम के क़दमों में रख दी, और रूआंसी आवाज़ में बोले-

'मैं निदामत और पशेमानी में मुब्तला हूं, बेटी। तुम से माफ़ी का तलबगार भी हूं। खुदा के लिए अपने फ़ैसले पर दोबारा ग़ौर करो, मुझे और नवाब को इस कर्ब से निजात दिलाओ। उसकी तो ज़िंदगी ही ख़ाक में मिल गई है। हर वक़्त दस्ते निदामत मलता रहता है। बेटी, मैंने

बरसों बरस हवेली का नमक खाया है। मेरा दिल सरकार नवाब और बेगम सरकार का मातमज़दा चेहरा देखकर रोता रहता है। तुम चाहो तो हवेली की खुशियां लौट सकती हैं। बेटी, मेरे हाल पर रहम करो।'

बेगम के मुज़महिल चेहरे पर कई-कई रंग आते रहे। आंखों में हल्के सुर्ख़ डोरे नुमायां होकर उभर आए। पेशानी पर एक पल के लिए बेतरतीब लकीरें नज़र आईं। लेकिन बेगम ने ज़ब्त का सहारा लिया और मशीरे खास की टोपी अपने क़दमों से उठाकर उन्हें थमा दी।

कहते हैं, इस वाक़ए के बाद, कई-कई दिन तक बेगम अपने कमरे से बाहर नहीं निकलीं। सिर्फ़ ख़ादिमाएं उनकी ख़ैरियत सरकार नवाब तक पहुंचाती रहीं।

कई दिनों बाद, बेगम न सिर्फ़ अपने कमरे से बाहर निकलीं, बल्कि खुद चलकर सरकार नवाब की ख़ाबगाह तक आईं।

बेटी को चलकर अपने पास आते देख सरकार नवाब के चेहरे पर जैसे गुलाब खिल गए हों। उठकर बेटी को गले से लगाया और ज़ार-क़तार रोने लगे। दोनों की आंख से आंसुओं की बारिश हो रही थी।

बेगम सरकार की हिचकियां बंद होने का नाम नहीं ले रही थीं।

'बेटी! मैं बेहद शर्मिंदा हूं। मुझे मालूम नहीं था, मेरे साथ ऐसा फ़रेब होगा। मेरी तमाम हसरतें मिट्टी में मिल गईं। मैं तुम्हारा मुजरिम हूं, बेटी!'

'मैं अपने फ़ैसले पर अब भी क़ायम हूं, अब्बू जान! मेरा दिल लौटकर नवाब मंज़िल जाने की इजाज़त नहीं देता। मुझे आप सबकी परेशानी, ख़िफ़्फ़त और हतक का एहसास है, लेकिन मैं वहां घुट-घुट कर मर जाऊंगी, अब्बू, मर जाऊंगी। मुझे अपने क़दमों में ही रहने दें। मैं सारी

ज़िंदगी यूंही आपके और अम्मीजान के क़दमों में गुज़ार दूंगी। क़िस्मत ने मुझे यही राह चुनने पर मजबूर किया है।'

आंसुओं की जो झड़ी कुछ थमती नज़र आई थी, उसने दोबारा ज़ोर पकड़ा।

बेगम सरकार पर भी रिक़्क़त तारी थी।

आंसुओं का सिलसिला रुका तो बेगम सरकार बेटी को लेकर अज़ाख़ाने की तरफ़ गईं। ज़रीख़ाने में मोमबत्तियां रौशन कीं और बेटी के सर पर अलम का साया किया।

दूसरे दिन, हवेली में यह ख़बर फैल गई कि बेगम किसी सूरत लौटकर नवाब मंज़िल जाने को राज़ी नहीं। और वह भी कि बेगम और नवाब के रिश्ते हमेशा-हमेशा के लिए रेत की नज़्र हो गए हैं।

कहते हैं, सारी ज़िंदगी बेगम अपने फ़ैसले पर क़ायम रहीं। लेकिन, पच्चास साल बाद, उस रोज़ जब नवाब मंज़िल से नवाब की मौत की ख़बर आई, तो बेगम ने अपना बरसों पुराना अहद तोड़ दिया।

ज़ईफ़ी और अलालत के बावजूद, बेगम ने सफ़र की ज़हमतें उठाईं, और ताबूत में लेटे नवाब का चेहरा देखा।

यह मंज़र अपनी आंखों से देखने वालों ने कहा, बेगम की आंखें मोम की मानिंद पिघल रही थीं।

हिचकियों के बीच, बेगम की ज़बान से निकला, 'मैंने तुम्हें बख़्श दिया, नवाब! जाओ, खुदा निगहदार हो।'

साहब नवाब की शादी

सरकार नवाब के छोटे बेटे, साहब नवाब, बैरिस्टरी पढ़ने विलायत गए तो तक़रीबन सात बरसों तक वहीं रह गए।

चार बरस पर डिग्री के एक साल का कोर्स पूरा किया। बाक़ी के कोर्स में मज़ीद तीन साल लगे।

इस दरम्यान पैसों की मांग के लिए उनके ख़ुतूत और टेलिग्राम तो आते रहे, लेकिन वो ख़ुद एक बार भी बस्ती नहीं आए।

सरकार नवाब की दिली ख़ाहिश थी कि उनका बेटा, जो शक्ल-सूरत से भी हिंदुस्तानी कम, विलायती ज़्यादा लगता था, विलायत से बैरिस्टरी कर के ऊंची अदालतों में प्रैक्टिस करे और ख़ानदान का नाम रौशन हो।

दरअसल, उनके सामने सूबे के कई नामी-गिरामी बैरिस्टरों और आला दर्जे के वकीलों की मिसाल मौजूद थी। उनमें कई ने अपनी ज़ेहानत से न सिर्फ़ माल-व-दौलत, जाह-व-हशमत और इंगलिशिया ख़िताब हासिल किए, बल्कि इक़्तेदार की बुलंदियों तक भी पहुंचे।

कहते हैं, उनमें कुछ सरकार इंगलिशिया के मशीर-व-हमराज़ रहे, और कई अहम क़ानूनी और आईनी मामलों में उनके दस्तदार भी बने।

कुछ ने गैर मुल्कों से जुड़े पेचीदा मामलों को सुलझाने में सरकार

इंगलिशिया के मफ़ादात की नुमाइंदगी भी की। अदालतों से बाहर, मुल्क की समाजी और सक़ाफ़ती ज़िंदगी में भी नुमायां किरदार निभाया।

इन मिसालों से ज़ईफ़ हो चले सरकार नवाब के दिल में बेटे को दीगर बैरिस्टरों और माहिरीने क़ानून-व-इंसाफ़ की सफ़ में शामिल करने की ख़ाहिश ज़ोर पकड़ती जा रही थी।

वो अपने इस बेटे की विलायत में तालीम पर कोई भी रक़म, यहां तक कि बेजा भी, ख़र्च करने पर मुसिर थे। वो किसी सूरत बेटे को सरकार इंगलिशिया के एक मज़बूत सुतून के तौर पर उभरते देखना चाहते थे।

यही वजह है, उनके मामले में, वो हवेली की ज़मींदारी की सख़्तगीर निगरानी कर रहे शाह साहब से बाज़ अवक़ात रंजिश भी इख़्तियार कर लेते थे।

दरअसल, शाह साहब सरकार नवाब के छोटे बेटे की विलायती तालीम को लेकर कुछ ज़्यादा ही खायफ़ रहने लगे थे। उनका, तालीम के दौरान, एक बार भी बस्ती नहीं आना, ख़त-किताबत और टेलिग्राम के लिए भी पैसे की तलब को ही मौज़ूअ बनाना शाह साहब को अटपटा और पुरअसरार मालूम होता। वो दरअसल उनकी विलायती फ़ज़ूलख़र्चियों पर लगाम लगाना चाहते थे, बल्कि एक हद तक ही साहब नवाब के बेजा अख़राजात बर्दाश्त करने के तरफ़दार थे।

लेकिन सरकार नवाब कुछ अलग अंदाज़ से सोचते थे। एक बार बेटा बैरिस्टर होकर हिंदुस्तान आ जाए, फिर उसकी तालीम पर हुआ मुकम्मल ख़र्च बिल्कुल बेमानी हो जाएगा। उनका मानना था, उसके हिंदुस्तान लौटने भर की देर है। फिर तो पैसों की ऐसी बारिश होगी कि इतराज़ करने वालों की पलकें झपकना बंद हो जाएंगी।

साहब सरकार की विलायती तालीम के आख़िरी साल तो हद ही हो गई। जितनी रक़म छह-सात बरसों में विलायत भेजी गई, उससे कहीं ज़्यादा रक़म की मांग इस बार साहब नवाब की तरफ़ से आई।

हवेली में सूरतेहाल पर ग़ौर-व-खौज़ के लिए मशीरों की नशिस्त बुलाई गई। सरकार नवाब बज़ाते खुद पेश-पेश रहे।

दबी ज़बान से, बड़े नवाब और उनके दूसरे भाइयों ने हालात की असलियत मालूम करने के बाद ही इतनी बड़ी रक़म विलायत भेजने की सलाह दी। उन्हें हैरत थी कि आख़िर साहब नवाब को इतने सारे पैसों की एक साथ ज़रूरत क्यों पेश आई, वो भी तालीम तक़रीबन मुकम्मल हो जाने पर।

कुछ नातेदारों ने विलायत आने-जाने वाले बैरिस्टरों और दूसरे क़राबतदारों से भी तफ़तीश करा लेने की बात कही।

बस्ती के कुछ मेहरबानों ने सरगोशी के अंदाज़ में कहा कि विलायत में बाज़ अवक़ात डिग्रियां ऊंची क़ीमत पर ख़रीदी भी जाती हैं।

शाह साहब को फ़िक्र महज़ साहब नवाब की विलायती फ़ज़ूलख़र्ची को लेकर नहीं थी। वो हवेली में पानी की तरह बह रहे पैसे और तंग होती आमदनी को लेकर ज़्यादा बेज़ार थे। उन्हें साहब नवाब की पैसों की तलब का इंतेज़ाम करने में भी अमली तौर पर दुश्वारी महसूस हो रही थी।

छोटे बेटे के लिए सरकार नवाब की इज़ाफ़ी रग़बत को देखते हुए शाह साहब ने मुनासिब समझा कि हवेली की आमदनी और ख़र्च की सच्ची तस्वीर सरकार नवाब के सामने रख दी जाए। इस ख़्याल से, उन्होंने काश्त व दीगर ज़राए से हासिल आमदनी का तफ़सीली ब्योरा सब के सामने रखा। साथ-साथ, यह भी बताया कि अब तक कितने मवाज़े की

ज़मीन गिरवी रखी जा चुकी है और कितनी जायदाद के एवज़ बड़े नवाब और दूसरे भाइयों ने मुख़्तलिफ़ ख़रीदारों से बयाने की रक़म वसूल कर ली है, और यह भी कि बस्ती के दुकानदारों को कितनी रक़म क़र्ज़ की अदायगी के बतौर बिला ताख़ीर चुकानी है।

शाह साहब ने सरकार नवाब को यह भी बताया कि क़र्ज़ नहीं चुकाने की सूरत में मज़ीद जागीर से हाथ धोना पड़ सकता है।

जिस वक़्त शाह साहब रेहन के तौर पर रखे गए हवेली के ज़ेवरात व दीगर क़ीमती सामानों की तफ़सील सरकार नवाब के सामने पेश कर रहे थे, बड़े नवाब और उनके दोनों भाई सर झुकाए नशिस्तगाह में बैठे थे। किसी में सरकार नवाब के सामने शाह साहब की बात काटने की हिम्मत नहीं थी।

शाह साहब हवेली की बढ़ती बदहाली की दास्तान सुना रहे थे और सरकार बेगम अपने बेटों की कारगुज़ारियां सुन-सुन कर रंजोफ़िक्र में डूबती जा रही थीं।

आख़िर में, शाह साहब ने निहायत आजज़ी के साथ सरकार नवाब से कहा कि हवेली में जो हालात पैदा हो रहे हैं उनके पेशेनज़र आगे उनसे जायदाद की निगरानी का काम देखना मुमकिन नहीं है। बेहतर है कि पूरी जायदाद वाज़ेह तौर पर बेटों के ज़िम्मे लगा दी जाए और उन्हें ही इसकी देख-रेख की ज़िम्मेदारी भी सौंपी जाए। मुमकिन है, ज़िम्मेदारी के एहसास के साथ उनकी फ़ज़ूलख़र्चियों में कमी आए और वो हवेली की गिरती साख में कुछ बेहतरी की सूरत पैदा करने में उनके मुआविन साबित हों।

शाह साहब ने यह भी कहा कि अक्सर ख़ुद अपनी काश्त और जायदाद की देखभाल के लिए उनके पास वक़्त नहीं होता। वो,

दरअसल, अपनी जायदाद भी बेटे-बेटियों को सौंपकर कुछ तख़लीक़ी कामों के लिए फ़ुर्सत पाना चाहते हैं। इस हवाले से शाह साहब ने अपने ज़ेयारत पर जाने के इरादे से भी सरकार नवाब को आगाह किया।

शाह साहब की इन बातों ने पूरी हवेली को चौंका दिया। सब के कान खड़े हो गए। सब के दिल की धड़कनें तेज़ हो गईं। सरकार बेगम, जो, अब तक, बातचीत के दौरान ख़ामोश रही थीं, एकबारगी फट पड़ीं -

'भला ऐसा कैसे मुमकिन है! सारी हवेली ग़ारत हो जाएगी। हम ख़ामोश रहते हैं, इसका मतलब यह नहीं कि हमें अपने बेटों की कारिस्तानियों का इल्म नहीं। हवेली के किस हिस्से में, कौन, क्या कर रहा है, हम इससे अच्छी तरह वाक़िफ़ हैं। हवेली की इज़्ज़त बस अब ख़ाक में मिलने ही वाली है। ऐसे में, आप का हमारी जायदाद से दस्तबरदार होने का मतलब होगा, हवेली की नाव का भंवर में गुम हो जाना।'

कहते हैं, इतना कहते-कहते सरकार बेगम की आवाज़ भर्रा गई थी। नशिस्त में बैठे लोगों ने उन्हें आंचल से आंसू पोछते देखा तो माहौल और भी ग़मगीन हो गया।

'मेरा मक़सद किसी तरह आप या सरकार नवाब को रंजीदा करने का नहीं। मैं दरअसल अपने भाइयों की बढ़ती फ़ज़ूलख़र्ची और बेजा मांगों से परेशान और बेज़ार हूं। वो मेरे मशविरों को ख़ातिर में नहीं लाते। हवेली के ज़ेवरात और बेशक़ीमत सामान, यहां तक कि क़ालीनें और बरतन भी अहिस्ता-आहिस्ता दुकानदारों के घर की ज़ीनत बनते जा रहे हैं। अकेले रस्तोगी लाल ने हवेली के क़ीमती ज़ेवरात के सहारे अपनी सोने-चांदी की दुकान चमका ली है। आप ख़ुद ही पता कर लें, हमारे कितने क़ीमती सामान अब भी छेदी साव और मूलचंद के यहां गिरवी चढ़े हैं। हमारी ज़मीनें, काश्तकारियां, सभी हालात के निशाने पर हैं। ऐसे में, साहब नवाब का तार पर तार, ख़त पर ख़त, कि पैसे, वो भी

इतने. विलायत भेज दें। अब आप ही कोई रास्ता बताएं।'

सरकार नवाब ने पहले बेगम, फिर बारी-बारी से अपने बेटों की तरफ़ देखा।

अचानक साहब नवाब का रौशन चेहरा उनकी आंखों में उतर आया। उन्हें बेरिस्टर नवाब अपनी रोबदार पोशाक में किसी जज के सामने फर्राटेदार अंग्रेज़ी में दलीलें पेश करते महसूस हुए।

यकायक, सरकार नवाब बोले -

'आप आस-पास के किसी मौज़े के एवज़ साहब नवाब को भेजने के लिए किसी ख़रीदार से मुनासिब रक़म आज ही पेशगी के तौर पर हासिल कर लें। बाक़ी मसलों पर हम अलग से गुफ़्तगू कर लेंगे। इस वक़्त इतना मैं ज़रूर कहूंगा कि मेरे बेटों में से किसी को अपनी सतह से कोई ज़मीन या जायदाद गिरवी रखने या फ़रोख़्त करने का इख़्तियार नहीं होगा। आगे, हमारी बातचीत तक, आप जायदाद की निगरानी का काम पहले की तरह जारी रखेंगे, ऐसी मेरी तवक़्क़ो है।'

गरज़, इस नशिस्त के बाद, वैयनामा पर सरकार नवाब की मुहर लग गई और साहब नवाब की मनचाही मुराद पूरी होने को आई।

कहते हैं, कुछ महीनों के बाद, साहब नवाब के हिंदुस्तान लौटने की ख़बर आई। साहब नवाब ने अपने लौटने की तारीख़ तो सही बताई, पर जो रास्ता और रूट बताया वो सही नहीं निकला। नतीजा यह हुआ कि उनके इस्तक़बाल के लिए मुग़लसराय तक गए लोग ना-उम्मीद लौट आए।

बस्ती में, बहरहाल, जश्न का माहौल था, जब सैकड़ों रिश्ते-नातेदार,

दोस्त–अहबाब, साहब नवाब को साथ लेकर, एक जुलूस की शक्ल, हवेली की तरफ़ बढ़े। हवेली में खुद शाह साहब ने शानदार दावत का इहतिमाम किया था।

साहब नवाब की वतन–वापसी की खुशी में पूरी बस्ती में मिठाई तक़सीम की गई।

लेकिन दो दिन बाद ही जब साहब नवाब ने अपने किसी ख़ास दोस्त से मुलाक़ात की ख़ातिर बनारस जाने की बात हवेली वालों को बताई तो लोग फिर हैरत में पड़े।

कुछ ने रोकने की कोशिश की, पर साहब नवाब नहीं माने।

वो, बक़ौल उनके, बनारस चले गए।

अब हवेली के मशीरों की पेशानी पर संजीदा लकीरों ने जगह बना ली। साहब नवाब के कुछ ख़ास दोस्तों से रुजूअ करने पर जो हक़ीक़त सामने आई, उसने सब को गहरे सदमे से दो–चार कर दिया।

साहब नवाब ने विलायत रहते–रहते एक अंग्रेज़ ख़ातून से शादी रचा ली थी, और उससे उन्हें एक बच्ची भी थी। बस्ती आने से क़बल साहब नवाब अपनी अंग्रेज़ बेगम को लखनऊ के एक आलीशान होटल में छोड़ आए थे।

हवेली में जो नातेदार साहब नवाब के लिए ख़ानदान में ही मुनासिब रिश्ता तलाश रहे थे, उन्हें इस ख़बर ने गहरा सदमा पहुंचाया।

हवेली में जश्न का माहौल दो–चार दिनों में ही बदल गया। बस्ती में सब के चेहरे पर एक तरह की सोगवारी पसर गई।

सरकार बेगम ने शाह साहब से मशविरा किया और उन्हें ही आगे की

हिकमते अमली तय करने का ज़िम्मा सौंपा।

शाह साहब ने पहले तो दबी ज़बान से अपने अंदेशों का हवाला दिया, फिर हालात के पेशेनज़र इस रिश्ते पर हवेली को रज़ामंद करने की कोशिश की।

ग़रज़ तय पाया कि साहब नवाब को हवेली के फ़ैसले की बात पहुंचाई जाए और उन्हें बेगम और बच्ची के साथ बस्ती आने को कहा जाए।

अगले कुछ हफ़्ते हवेली के रंग-रौग़न में गुज़र गए। फिर साहब नवाब बस्ती तशरीफ़ लाए। बस्ती की तमाम औरतों ने उनका शानदार इस्तक़बाल किया।

सरकार नवाब अपने बैरिस्टर बेटे को दिल्ली, कलकत्ता या पटना की ऊंची अदालत में प्रैक्टिस कराने के ख़्वाब देख रहे थे। लेकिन साहब नवाब ने एक छोटे पड़ोसी शहर को अपनी नई रिहाइश के लिए पसंद कर लिया।

कहते हैं, दोस्तों और बहीख़्वाहों ने साहब नवाब के लिए एक शानदार कोठी किराए पर ले ली।

जदीद साज़ो-सामान से आरास्ता इस कोठी में ही साहब नवाब का कुनबा मुक़ीम हुआ।

सरकार नवाब के सारे ख़्वाब ताश के पत्तों की मानिंद बिखर गए।

वो इस सदमे की ताब नहीं ला सके।

कुछ हफ़्तों में ही, सरकार नवाब चल बसे।

हवेली के दरोदीवार में शिगाफ़ साफ़-साफ़ दिखाई देने लगा

कहते हैं, हवेली के बिखरते शीराज़े को देखकर साहब नवाब की अंग्रेज़

बेगम का इस छोटे शहर में बने रहना मुहाल हो गया। अपनी दो बेटियों के साथ वो, एक रोज़, एक बड़े शहर को मुंतक़िल हो गईं।

अपने तौर पर, साहब नवाब के तईं मुकम्मल वफ़ादारी निभाते हुए साहब बेगम ने, नए शहर में, एक नई ज़िंदगी का आग़ाज़ किया।

क़ुरान और खुरपी

बज़ाहिर वो एक छोटा-सा गांव था।

छोटे सरकार ने ख़ुद अपने हाथों इसकी नींव रखी थी।

शुरुआती दौर में, यहां एक छोटे-से झोंपड़े में छोटे सरकार का कुनबा रहता था। यह उनकी जद्दोजहद और आज़माइशों का ज़माना था।

थोड़ा वक़्त ज़रूर लगा, मगर छोटे सरकार काश्तकारी के फ़न में कुछ इस क़दर माहिर थे कि जिस ज़मीन को छू देते, सोना उगलने लगती।

अहिस्ता-आहिस्ता, पूरे इलाक़े में उनकी काश्तकारी के चर्चे होने लगे। कई-कई फसलों की पैदावार ने छोटे सरकार की माली हालत में अच्छी-ख़ासी बेहतरी पैदा कर दी।

हालात बेहतर हुए तो छोटे सरकार ने गांव में दूर-दूर तक फैली अपनी आलीशान हवेली की तामीर का काम शुरू किया। खेतों में काम करने वाले मज़दूरों को गांव में ही बसने के लिए ज़मीन दे दी गई।

वक़्त के साथ उनकी जायदाद में इज़ाफ़ा होता गया।

लेकिन हमसाया गांव में अपनी ख़ानदानी हवेली, यहां तक कि अपने मां-बाप और बहन-भाइयों से भी छोटे सरकार के रिश्ते उस्तवार नहीं हुए। दोनों गांव के दरम्यान जो फ़ासला वक़्त ने पैदा कर दिया था, उसे

नेक-नीयत दोस्तदारों की तमाम कोशिशों के बावजूद नहीं पाटा जा सका।

कहते हैं, एक रोज़ रेल के किसी लंबे सफ़र में उनकी मुलाक़ात शाह साहब से हो गई थी। छोटे सरकार शाह साहब की बातों से कुछ इस तरह मुतास्सिर हुए कि अपना ख़ानदानी मसलक ही तर्क करने को आमादा हो गए।

छोटे सरकार के अपना मसलक तब्दील करने की ख़बर ने ख़ानदान भर में बलवे की सूरत पैदा कर दी। मां-बाप, भाई-बहन, सब के सब जैसे गहरे सदमे में आ गए। उन्हें छोटे सरकार से ऐसी नाफ़रमानी की क़तई उम्मीद नहीं थी। उनकी नज़र में छोटे सरकार की हैसियत हीरे-जवाहरात से बढ़कर थी।

पहले तो ख़ानदान भर के लोगों ने छोटे सरकार को समझाने-बुझाने की कोशिश की। जितने तरीक़े हो सकते हैं, आज़माए गए। छोटे सरकार ने मसलक बदलने का फ़ैसला जज़्बात में बह कर नहीं किया था। गहरे मुतालय और बहस-मुबाहिसे के बाद ही वो इस नतीजे तक पहुंचे थे। इसलिए रिश्ते-नातेदारों के समझाने-बुझाने का कोई असर उनपर नहीं हुआ। वो अपने फ़ैसले पर मज़बूती से कायम रहे।

कहते हैं, एक दिन छोटे सरकार के वालिद ने उन्हें हवेली के अंदरख़ाने तलब किया, और इब्तिदाई गुफ़्तगू के बाद उनके सामने दो तजवीज़ें रख दीं : अपने ख़ानदानी मसलक पर लौट आओ, या फिर हमेशा-हमेशा के लिए हवेली से नाता तोड़कर चले जाओ। नया मसलक नहीं छोड़ने की सूरत में ज़मीन-जायदाद के सारे हक़ूक़ भी जाते रहेंगे।

घर वालों को यक़ीन था, छोटे सरकार पर बाप की इस धमकी-आमेज़ तजवीज़ का ख़ातिरख़ाह असर होगा, और वो मसलक तब्दील करने के फ़ैसले से किनारा कर लेंगे।

छोटे सरकार कुछ देर मां-बाप और भाई-बहनों की तरफ़ देखते रहे। सब की आंखों में आंसू थे। सब उम्मीद और यास भरी नज़रों से छोटे सरकार को टकटकी लगाए देख रहे थे।

तभी छोटे सरकार ने ज़बान खोली-

'मुझे आपकी दूसरी तजवीज़ मंज़ूर है। मैं इसी वक़्त हवेली छोड़कर चला जाता हूं। मैंने सोच-समझ कर मसलक बदला है। मुझे इस फ़ैसले से दिली सुकून मिला है। अब मैं इसे तर्क करने को राज़ी नहीं। मेरे दिल में आप सबके लिए बेहद इहतेराम है। मेरे फ़ैसले से आगे भी इस में कोई फ़र्क़ नहीं आएगा। मैं पूरी तरह अपने पैरों पर खड़े होने के लिए जद्दोजहद करूंगा।'

कहते हैं, छोटे सरकार के जवाब ने एकबारगी सब को सकते में डाल दिय।

हवेली में कुहराम मच गया।

छोटे सरकार हवेली छोड़कर जाने को तैयार हुए, तो बाप ने एक बार उन्हें रोकने की कोशिश की। मां ने उनके सामने आंसुओं की दीवार खड़ी करना चाही।

छोटे सरकार फिर भी नहीं माने, तो बाप की आंखों में अंधेरा छा गया।

छोटे सरकार हवेली भर से रुख़सत होकर आख़िरी सलाम को बाप के सामने आए तो बाप का सीना जैसे चाक हो गया।

क़लमदान से एक कुंजी निकाली और छोटे सरकार को सौंपते हुए कहा-

'सामने वाले कमरे की कुंजी है। तुम यहां से जो कुछ, जितना कुछ ले जाना चाहो, ले जाओ।'

छोटे सरकार आज तक कभी इस कमरे में नहीं गए थे। सिर्फ़ इसके बारे में सुन रखा था। कमरे में किसी को दाख़िल होने की इजाज़त नहीं थी।

कुंजी हमेशा बड़े सरकार की तहवील में रहती थी।

छोटे सरकार ने पहले सोचा, कुंजी बड़े सरकार को लौटा दें। फिर कुछ ख़्याल करके कमरे की तरफ़ बढ़े। ताला खोलकर घुप अंधेरे कमरे की खिड़कियां खोलीं।

उनकी आंखें खुली रह गईं।

एक तरफ़, ज़मीन-जायदाद के कागज़ात, वसीक़े, क़ानूनी दस्तावेज़ सलीक़े से रखे थे। दूसरी तरफ़, बड़े-बड़े संदूक़ों में नोट की गड्डियां, क़ीमती ज़ेवरात, हीरे-जवाहरात रखे थे। सारे सामानों की अलग-अलग सफ़बंदी की गई थी। एक संदूक़ में चांदी के बरतन सजाकर रखे गए थे।

इतना बड़ा ख़ज़ाना देखकर छोटे सरकार की आंखें चुंधिया गई थीं।

एक लम्हे के लिए छोटे सरकार के दिल में ख़्याल आया, अपनी अलग ख़ानादारी शुरू करने को क्यों न इस ज़ख़ीरे में से कुछ हिस्सा ले लिया जाए। आख़िर इस में ख़ुद उनकी मेहनतों का फल भी तो शामिल है!

छोटे सरकार के दिल में यह ख़्याल बस एक लम्हे के लिए ही आया था।

उन्होंने संदूक़ों के ऊपर उठे पट गिरा दिए।

अचानक उनकी नज़र दीवार में एक तरफ़ बने ताक़ पर गई, जहां कोई चीज़ क़रीने से सुनहरे ग़िलाफ़ से ढंककर रखी गई थी।

छोटे सरकार मुहतात क़दमों से ताक़ की तरफ़ बढ़े। ग़िलाफ़ में लिपटी

चीज़ खोली। क़ुरान की एक ख़ूबसूरत जिल्द!

छोटे सरकार ने बड़े अदब से क़ुरान की वो जिल्द उठा ली।

कमरे से बाहर आते वक़्त, दरवाज़े के पास उन्हें एक खुरपी नज़र आई।

छोटे सरकार क़ुरान और खुरपी लेकर कमरे से बाहर आ गए। दरवाज़े पर कुफ़ल चढ़ाया और बड़े सरकार को कुंजी लौटा दी।

बड़े सरकार ने बेटे के हाथों में क़ुरान और खुरपी देखी तो गहरे ताज्जुब में पड़ गए।

बेटे से अलग होने का ग़म और उसे बे-सरोसामानी के घटाटोप में इस तरह तन्हा छोड़ देने का मलाल उन्हें खाए जा रहा था। बेटे की ख़िदमात, काश्तकारी के मामले में उसकी महारत, हवेली की माली हालत में बेहतरी के पीछे उसकी पेशरफ़्त, सारी बातें एक-एक कर उनके ज़ेहन में आ रही थीं। वो बेहद परेशान हो गए। सोचा, क्यों न बेटे को दिया फ़तवा वापिस ले लें। उसे उसके हाल पर छोड़ दें।

लेकिन बड़े सरकार के सामने असल सवाल अपने ख़ानदानी मसलक का था।

बड़े सरकार ने जज़्बात पर काबू पाया और बेटे के सलाम का जवाब देते हुए उसे हवेली से बाहर चले जाने की इजाज़त दे दी।

कहते हैं, इसी के बाद शुरू हुआ छोटे सरकार की संगीन जद्दोजहद का सिलसिला। पहले के कुछ साल एक मुक़ामी ज़मींदार की निजी काश्तकारी देखते रहे। भरोसा पैदा हुआ, तो बटाई पर थोड़ी-बहुत ज़मीन हासिल की। आहिस्ता-आहिस्ता तरक़्क़ी की मंज़िलें तय करने लगे।

फिर एक दिन इस छोटे-से गांव में अपनी हवेली की बुनियाद रखी।

इस दरम्यान, शाह साहब से उनके रिश्ते और भी मज़बूत होते गए। खुद शाह साहब ने बड़ी बी के लड़के का रिश्ता छोटे सरकार की छोटी बेटी के साथ तय कर दिया।

बस्ती से इस छोटे गांव के रिश्ते आने वाले दिनों में और मज़बूत हुए।

कुछ और रिश्तेदारियां भी क़ायम हुईं।

क़ुरान और खुरपी का यह वाक़या आज भी इलाक़े भर के लोगों के दिल में महफ़ूज़ है। वो बड़े फ़ख़्र के साथ इसे याद करते हैं।

हवेली में बंजारन

बंजारों की टोली में शामिल नवजवान रक़्क़ासाओं ने बस्ती में ज़बरदस्त हलचल मचा रखी थी। राजस्थान से लंबे सफ़र पर निकली यह टोली, कलकत्ता जाने के रास्ते में, कुछ घंटों के लिए बस्ती के आसपास ठहरी थी कि किसी ने उन्हें हवेली में रक़्स-व-मौसीक़ी के शैदाई छोटे नवाब के बारे में बताया।

इधर छोटे नवाब को अपने लोगों से बंजारों की टोली के बस्ती आने की बात मालूम हुई तो उनका दिल भी बंजारों का रक़्स देखने को बेचैन हो गया। कारिंदे मुकर्रर हुए और बंजारों को हवेली के बड़े हाल में अपना प्रोग्राम पेश करने का हुक्म हुआ।

बंजारों में से एक, जो शायद उस पूरी टोली में सब से हसीन रही हो, रक़्स और मौसीक़ी में महारत रखने के अलावा मिट्टी के क़िस्म-क़िस्म के खिलौने बनाने में भी कमाल का दर्जा रखती थी।

कहते हैं, उसकी ख़ास दिलचस्पी मिट्टी के परिंदे बनाने में थी। परिंदे बनाना, उन्हें उनके असली रंगों में ढालना, उसे इतनी बारीकी से आता कि देखने वाले दांतों तले उंगली दबा लेते।

बंजारन को हवेली का हुक्म हुआ कि अपने फ़न के कुछ उम्दा नमूने भी अपने साथ ज़रूर लाए।

हवेली में महफ़िल सजी तो बंजारों की पूरी टोली के साथ बस्ती के तमाम शोरफ़ा भी मदऊ किए गए। शाह साहब को छोटे नवाब ने ख़ास तौर से दावत दी थी। वो दरअसल शाह साहब की इस फ़न में गहरी दिलचस्पी से वाक़िफ़ थे।

ग़रज़ महफ़िल आरास्ता हुई। बड़े हाल के एक किनारे बंजारन ने अपने बनाए खिलौनों की नुमाइश लगा दी। एक से एक ख़ूबसूरत परिंदे, यहां तक कि तोता, मैना और नाचते हुए मोर भी अलग-अलग क़तारों में सजा दिए गए।

बस्ती के शोरफ़ा फ़न की इस निहायत दिलकश नुमाइश को देखकर अश-अश कर उठे। हवेली की बीबियां भी अपने को रोक नहीं पाईं। चिलमनों की ओट उनकी मुतजस्सस निगाहों को रोक रही थी। एकबारगी ओट हटाकर वो हॉल में आ गईं। उनकी आंखें बंजारन का फ़न देखकर हैरत में डूब गई थीं।

शाह साहब भी बंजारों की फ़नकारी का ये मंज़र देखकर बेहद मुतास्सिर थे। बार-बार तमाम परिंदों का मुआयना करते रहे। आख़िर को उन्होंने नुमाइश में से एक खुशनुमा तोते को अपने हाथों में उठा लिया। देर तक उसे देखते रहे, फिर बंजारन से बोले- 'सिर्फ़ रात-भर के लिए मैं इसे अपने पास रख लूं?'

बंजारन अपने फ़न के लिए शाह साहब की क़द्रदानी देखकर मुस्कुराने लगी।

'शौक़ से। ये मेरे पसंदीदा नमूनों में से एक है। मुझे इस क़दर पसंद है कि ऊंची क़ीमत पर भी इसे फ़रोख़्त नहीं करती। आपने इसे पसंद किया, यह देखकर मुझे खुशी है। आप इसे जितने दिन चाहें अपने पास रख सकते हैं।'

शाह साहब तोता लेकर महफ़िल से उठ गए। जाते-जाते बंजारन से बोले-

'कल शाम की महफ़िल में इसे लेता आऊंगा। आप फ़िक्र न करें, मेरे पास यह तोता बिल्कुल महफ़ूज़ रहेगा।'

शाह साहब चले गए तो महफ़िल अपने असली रंग में आई। बंजारन अपनी टोली के साथ ख़ूबसूरत राजस्थानी रक़्स और नग़मे पेश करती रही रक़्स और नग़मों के साथ बंजारा टोली ने कुछ हैरत में डाल देने वाले करतब भी दिखाए। उन में एक, पलकों से ज़मीन पर गिरे करेंसी नोट और सूई उठाने के करतब ने तो जैसे हवेली वालों की सांसें ही थाम ली थीं।

कमसिन बंजारा लड़कियों के दिल में अपने चाहने वालों की याद और उनसे बिछड़कर लंबे सफ़र पर निकल पड़ने का दर्द भी रह-रह कर उनके नग़मों में उभर रहा था। ब्याही बंजारिनें, जिनके मर्द कमाई की ख़ातिर परदेस चले गए थे, उनके इंतज़ार में गुज़रते मौसमों का पुरदर्द नौहा पढ़ रही थीं।

कहते हैं, इन बंजारों ने हवेली में एक अजीब फ़िज़ा क़ायम कर दी थी।

उस रात पूरी की पूरी बंजारा टोली हवेली की मेहमान रही। फ़ैसले के मुताबिक़, उन्हें तीन दिनों तक हवेली में अपना रक़्स पेश करना था।

दूसरी शाम, हवेली में महफ़िल दोबारा सजी तो हॉल में पहले से ज़्यादा लोग मौजूद थे। औरतों के बैठने का बाक़ायदा इंतज़ाम किया गया था। हाज़रीन के लिए मेवों और फलों के शरबत का ख़ास इहतिमाम था।

महफ़िल सजकर तैयार हो गई तो शाह साहब भी तशरीफ़ लाए। उनके साथ मुलाज़िम लकड़ी का एक डब्बा संभाले हवेली के हॉल में दाख़िल हुआ।

शाह साहब ने डब्बा मसनद के आगे रखवाया और बंजारन की तरफ़ इशारा करते हुए कहा–

'इस डब्बे में तुम्हारा तोता रखा है। देखकर ले लो।'

बंजारन घुंघरुओं की आवाज़ के साथ डब्बे की तरफ़ बढ़ी। अपने सख़्त लेकिन नाजुक हाथों से डब्बे का पट उठाया। लेकिन दूसरे लम्हे डब्बे का पट उसके हाथों से छूट गया।

डब्बे में एक की जगह दो एक–जैसे तोते रखे थे!

शाह साहब के ख़ादिम ने दोनों तोते डब्बे से बाहर निकाल कर सामने रखी मेज़ पर रख दिए। शाह साहब बंजारन से बोले–

'इन में अपना तोता चुन लो।'

हवेली के हॉल में ख़ामोशी छाई थी। बंजारन बारी–बारी से दोनों तोते उठाती थी, ग़ौर से उन्हें देखती थी, फिर मेज़ पर रख देती थी। शाह साहब की तरफ़ हैरतज़दा निगाहों से देखती थी, और अपनी गोटेदार चुनरी से पेशानी पर उभर आई पसीने की लकीरें बराबर करती जाती थी।

हॉल में मौजूद मजमा सकते की कैफ़ियत से गुज़र रहा था।

बंजारन तो जैसे संगमरमर की मूरत बन गई थी।

छोटे नवाब ने ख़ामोशी तोड़ते हुए बंजारन से कहा–

'अपना तोता क्यों नहीं ले लेतीं!'

'नवाब साहब! मैं फ़ैसला नहीं कर पा रही, इन में कौन मेरा बनाया तोता है और कौन इनका। दोनों में ज़रा बराबर भी फ़र्क़ नहीं। मैंने

बार-बार दोनों को देखा। मैं इनका लोहा मानती हूं...।'

इतना कहते-कहते बंजारन हाथ जोड़कर शाह साहब के सामने खड़ी हो गई। शाह साहब ने जेब से कुछ सिक्के निकाल कर बंजारन के हाथ में रख दिए और कहा-

'मैं तुम्हारे फ़न की क़द्र करता हूं। तुम में बला की फ़नकारी है। तुम राज़ी हो तो मैं तुम्हारे बनाए तमाम खिलौने अपनी हवेली के लिए ख़रीद लूं।'

बंजारन की आंखों में आंसू छलकने लगे थे!

बस्ती वाले जब बीते दिनों की याद में खोने लगते हैं, उनके ज़ेहन में एक और वाक़या शिद्दत के साथ उभर आता है।

कहते हैं, हमसाया बस्ती में किसी शादी की तक़रीब के मौक़े से महफ़िले रक़्स सजाई गई थी। क्लासिकी रक़्स में माहिर एक शोहरत-याफ़्ता फ़नकार हवेली की मेहमान बनी थी। इलाक़े भर के शोरफ़ा को तक़रीब में ख़ास तौर से दावत दी गई थी।

परी पोशाक में सजी रक़्क़ासा रक़्स के लिए महफ़िल में उतरी तो लोगों की आंखें खुली रह गईं। साज़िंदों ने अपने साज़ संभाले, तारों में जुंबिश हुई, ख़ामोश तरंगों ने लय की रफ़्तार पकड़ी और रक़्क़ासा के घुंघरुओं में थरथराहट के आसार नुमायां हुए तो महफ़िल में जैसे निशात की कैफ़ियत छाने लगी।

रक़्क़ासा लय में डूबी रक़्स की मंज़िलें तय कर रही थी कि अचानक एक ख़ास मुक़ाम पर नवाब ने बेचैन होकर 'बस-बस' की आवाज़ निकाली।

एक लम्हे को रुककर रक़्क़ासा ने दोबारा रक़्स शुरू किया।

लय के उसी मुक़ाम पर नवाब ने फिर पहलू बदलकर 'बस' की हांक लगाई।

रक़्क़ासा के क़दम एकदम से रुक गए। साज़िंदे भी ठहर गए।

रक़्क़ासा तेवर में नवाब के सामने आई।

'अपने फ़न पर इतना गुमान है तो मैं अपने घुंघरू खोलती हूं। जनाब अपनी फ़न- शनासी का नमूना पेश करें।'

इतना कहकर रक़्क़ासा ने अपने घुंघरू खोल कर नवाब की गोद में डाल दिए।

महफ़िल में अजीब अफ़रातफ़री छा गई।

बस्ती वालों ने देखा, नवाब मस्नद से उठे। अपनी शेरवानी उतारी। आस्तीन ऊपर को चढ़ाई, और पैरों में घुंघरू डाल दिए। साज़िंदों को इशारा हुआ, और नवाब रक़्स के लिए फ़र्श पर उतर आए।

पूरी बस्ती ने अपनी आंखों से देखा, नवाब पर वज्द का आलम तारी था।

उनके बदन में बिजली के तारों-जैसी तवानाई मुतहर्रिक थी।

कहते हैं, रक़्स जब आख़िरी मुक़ाम पर था, रक़्क़ासा नवाब के क़दमों पर गिर पड़ी थी!

अगले मौसम फिर

छोटे नवाब की हवेली के सामने नवाब साहब की बग्घी रुकी ज़रूर, मगर वो बग्घी से नीचे उतरे नहीं।

हवेली के अंदर बेटे की महफ़िल जमी थी। किसी ग्लूकारा की तरन्नुम-भरी आवाज़ नवाब साहब के कानों से टकरा रही थी-

दिल तेरी गली बिन लागै ना
ये शहर लगै मोहे बन .....
रे सजन
दिल तेरी गली .....

नवाब साहब कुछ देर बग्घी में बैठे-बैठे मौसीक़ी से लुत्फ़-अंदोज़ होते रहे।

फिर उन्हें ख़्याल आया, ये उनकी नहीं, बेटे की महफ़िल है। और जो ग्लूकारा अपनी ख़ूबसूरत आवाज़ से जादू जगा रही है, वो उनकी नहीं, बेटे की नूरे-नज़र है।

इस ख़्याल के आते ही नवाब साहब की पेशानी पर बल पड़ गए।

ग्लूकारा की आवाज़ इतनी दिलकश थी कि नवाब साहब कोचवान को बग्घी आगे बढ़ाने की ताकीद करना ही भूल गए।

कुछ देर उनकी हिदायत का इंतज़ार करने के बाद कोचवान ने ख़ुद ही पूछ लिया–

'अपनी हवेली चलें?'

'नहीं, सोचता हूं, बच्चों से मिलता चलूं।'

नवाब साहब शिकारगाह से थके–थके लौट रहे थे। शिकार का यह सफ़र उनके लिए किसी क़दर मायूस करने वाला था। न क़ायदे की सोहबत थी, न क़ायदे का शिकार। आंखें भी साथ नहीं दे रही थीं। निशाना कई–कई बार चूक रहा था।

इंतज़ामकारों ने भी ख़िलाफ़े मामूल लापरवाही बरती थी।

नवाब साहब ने पहली बार महसूस किया कि लगाम उनके हाथों से फिसल रही है।

शिकारगाह के अमले उनकी ख़ातिर–तवाज़ेह में सुस्ती बरत रहे थे।

बज़ाहिर नवाब साहब अमलों के सलूक में आई इस तब्दीली की वजह समझने से क़ासिर थे। वो सिर्फ़ इस क़दर जान रहे थे कि उनके शिकारगाह के सफ़र पर जाने से दो दिन क़बल उनके बेटे ने अपने अहबाब के साथ वहां क़याम किया था।

तब भी क्या शिकारगाह के अमलों ने ऐसी ही बेरुख़ी दिखाई थी, नवाब साहब सोचकर फ़िक्रमंद हो गए।

अचानक उन्हें याद आया, कोचवान तो शायद वही रहा हो, जो बेटे को शिकारगाह लेकर गया था।

'छोटे नवाब को लेकर तुम शिकारगाह गए थे?'

'जी, जनाब!'

'शिकारगाह के इंतज़ाम में कोई कमी तो नहीं थी? मेरा मतलब, छोटे नवाव और उनके दोस्तों को किसी बात की तकलीफ़ तो नहीं हुई?'

'जी नहीं, छोटे नवाब वहां से बहुत खुश होकर गए। तीन दिनों तक, रात-रात भर महफ़िल जमी। नाच-गाने का प्रोग्राम रहा। खाने-पीने का बहुत अच्छा इंतज़ाम था।'

'नाच-गाने का भी इंतज़ाम था?'

नवाब साहब ने राज़दाराना लहजे में कोचवान से जानना चाहा।

'जी, सरकार! बाहर से एक रक़्क़ासा आई थी। उसने शिकारगाह के हॉल में सारी रात प्रोग्राम पेश किया। छोटे नवाब ने खुश होकर उसे इनाम से भर दिया।'

कोचवान तजुर्बेकार था। उस ने नवाब साहब की बेचैनी महसूस कर ली थी। उनके दिल में अपने लिए भरोसा पैदा करने के ख़्याल से कोचवान ने आगे बढ़कर कहा-

'रक़्क़ासा शिकारगाह में छोटे नवाब के साथ ही ठहरी। उनके साथ ही वो बस्ती लौटी। ये जो आवाज़ आप अभी सुन रहे हैं, उसी रक़्क़ासा की है। वो शिकारगाह से लौटकर यहीं मुक़ीम है। छोटे नवाब उस पर बेहिसाब पैसे ख़र्च कर रहे हैं।'

'ठीक है, ठीक है। तुम सवारी यहीं रोके रहना। मैं हवेली होकर आता हूं।'

इतना कह कर नवाब साहब बग्घी से नीचे उतर आए।

हवेली में सारी क़ंदीलें रौशन थीं।

ख़ुशबुओं से माहौल मोअत्तर था।

हॉल में छोटे नवाब की महफ़िल अपने शबाब पर थी। पीने-पिलाने का दौर चल रहा था। रक़्क़ासा अपने फ़न का जलवा दिखा रही थी। उसकी आवाज़ फ़िज़ा में जादू बनकर छा रही थी -

ये शहर लगै मोहे बन रे सजन
दिल तेरी गली बिन लागै ना .....
किए मैंने लाख जतन रे सजन .....

नवाब साहब हॉल में दाख़िल हुए, तो रक़्क़ासा एक लम्हे को ठिठकी।

छोटे नवाब पर ख़ुमार छाया था।

निहायत अदब से नवाब साहब को मसनद पर बैठने का इशारा करते हुए छोटे नवाब ने रक़्क़ासा को अपना रक़्स जारी रखने को कहा।

जब बाग़ में पुरवा चलती है
मेरे दिल में आग-सी जलती है

छोटे नवाब रक़्क़ासा पर हज़ारी सिक्कों की बारिश कर रहे थे।

उनके हाथ मोतियों के दाने लुटा रहे थे।

नवाब साहब कुछ देर इज़्तराब की कैफ़ियत में रहे।

साक़ी ने जाम पेश किया, तो उनकी बेचैनी आहिस्ता-आहिस्ता कम होती गई।

महफ़िल का रंग उनकी आंखों में गुलाबी नशा बनकर उतरने लगा। रक़्क़ासा की आवाज़ घुंघरुओं की थिरकन के साथ माहौल को दिलावेज़ बना रही थी।

कहते हैं, महफ़िल जब रात के आख़िरी पहर ख़त्म होने को आई, नवाब साहब और छोटे नवाब, दोनों, अपने होश खो चले थे।

हवेली के बाहर, कोचवान अब भी नवाब साहब का मुंतज़िर था।

गो उसकी आंखें लग गई थीं।

नवाब साहब महफ़िल से बाहर निकले तो उन्हें किसी मज़बूत सहारे की ज़रूरत महसूस हुई।

हवेली के दरवाज़े से लगे रेशमी पर्दे की ओट में खड़ी रक़्क़ासा ने आगे बढ़कर नवाब साहब को सहारा दिया।

नवाब साहब अपनी हवेली के दरवाज़े में दाख़िल हुए, तो उनके ज़ेहन में रक़्क़ासा के बोल गूंज रहे थे .....

मैं बदरी तू सावन रे सजन .....

दूसरी सुबह, नवाब साहब ने रक़्क़ासा को अपनी हवेली में मदऊ किया। उसे इनाम-व-एकराम से नवाज़ा, और हवेली में उसके मज़ीद क़याम के लिए बज़िद हुए।

जितने दिन भी बस्ती में रक़्क़ासा की सोहबत रही, नवाब साहब और छोटे नवाब उसकी ख़ातिरदारी में पेश-पेश रहे।

लौटते वक़्त, दोनों ने, उससे, अगले मौसम फिर बस्ती आने का अहद कराया।

किसकी ख़िफ़्फ़त

शाह साहब की शख़्सियत की मुख़्तलिफ़ जेहतों से पूरी बस्ती वाक़िफ़ थी।

हमसाया बस्ती भी उनकी अदबी व सक़ाफ़ती बुलंदी का एतराफ़ करती।

फ़ितरी तौर पर, शाह साहब की तबीयत में ज़राफ़त का नुमायां पहलू बस्ती वालों को अपनी तरफ़ खींचता था। वो उनकी शोख़-मिज़ाजी से बेहद लुत्फ़-अंदोज़ होते।

बस्ती में शाह साहब की ज़िंदादिली को लेकर कई-कई क़िस्से मशहूर थे। ख़ास तौर से, उनके शिकार के शौक़ के बारे में कई दिलचस्प कहानियां लोगों की ज़बान पर थीं।

कहते हैं, एक वक़्त ऐसा था कि जब शाह साहब को बटेरों और चनकों की छड़ लगाने का शौक़ अपने शबाब पर था। ख़ुद अपनी शादी में उन्होंने ख़ास तौर से चनकों का क़ोरमा तैयार करवाया था। रू-नुमाई के रोज़ भी शाह साहब की ख़ास हिदायत पर बावर्ची ने चनकों का कबाब बनाया था।

एक साल, चनकों के शिकार का ज़माना आया और छड़ें तैयार हो गईं, तो बस्ती के कुछ दिल-जले अशराफ़ज़ादों को शाह साहब से

तौहीन-आमेज़ मज़ाक़ की सूझी।

नवाब की हवेली में छड़ की चोरी की साज़िश रची गई।

इस प्लान को अमली जामा पहनाने के लिए भरोसेमंद मुलाज़िम तैनात किए गए।

बस्ती में अगर साज़िश रचने वाले दिमाग़ बसे थे, तो मुख़बिरी करने वाले अफ़राद की भी कमी नहीं थी। वक़्त रहते, शाह साहब के कानों तक चोरी की सारी प्लानिंग पहुंच गई।

शाह साहब शिकार के बहाने बंदूक़ लेकर हवेली के बाहर निकल पड़े। अपनी आंखों से उन्होंने एक ख़ास जगह पर एक दर्जन अफ़राद को नशे का शग़ल करते देख लिया।

शाह साहब को मामले की तह तक पहुंचने में कोई दुश्वारी नहीं हुई। वो बस्ती के उन नामी-गिरामी लोगों की ख़सलतों से अच्छी तरह वाक़िफ़ थे, जो किसी सूरत शाह साहब को ज़िक देने पर आमादा रहते थे। यह और बात है कि वो अपनी कोशिशों में शायद ही कभी कामयाब होते हों।

शाह साहब को शर्मिंदा करने और उन्हें नुक़्सान पहुंचाने के इरादों में बार-बार नाकामी के बावजूद वो हतमी तौर पर शिकस्त मानने को तैयार नहीं थे। मिज़ाज और फ़िक्र की यह कजी दरअसल उनके वजूद का हिस्सा बन गई थी।

शाह साहब ने अपने एक-दो मशीरों से इस मौज़ू पर बातचीत की और बस्ती के शर-पसंद अफ़राद को सबक़ सिखाने की तरकीब सोच ली।

शाह साहब को यह जानकर ज़्यादा तशवीश थी कि छड़ की चोरी के

मंसूबे में ख़ुद वो मुलाज़िम भी शामिल हो गए थे, जो हवेली से छड़ लेकर निकला करते थे।

शाह साहब ने अपने ख़ास भरोसे के एक मुलाज़िम को ताकीद कर दी कि शाम-शाम तक बीस-बच्चीस बिच्छू या मेढक इकट्ठा कर लें, ताकि उन्हें चनकों की जगह पिंजरों में डाल दिया जाए। फिर तमाम पिंजरों में शर्मिंदगी और ख़िफ़्फ़त पैदा करने वाली तहरीरें ख़ुद शाह साहब ने तैयार कीं। हर पिंजरे में एक-दो मेढक और शाह साहब की तहरीर रख दी गई।

उधर बस्ती की एक ख़ास हवेली में छड़ की चोरी के बाद चनकों की दावत उड़ाने की तमन्ना लिए शर-पसंद अशराफ़ज़ादे अपने तैनात किए आदमियों की बेचैनी से राह देखते रहे।

मेढकों के ख़्याल से छड़ को आहर के किनारे कटीले दरख़्तों में लगाया गया था।

शाह साहब अपने मशीरों के साथ हवेली के बालाई हिस्से में खिड़की से लग कर छड़ के चोरी जाने का इंतज़ार करते रहे।

रात के दो-ढाई बजे होंगे कि ख़ुद साज़िश में शरीक हवेली के दो मुलाज़िम शोर मचाते शाह साहब के दरवाज़े पहुंचे।

'हुज़ूर! आप यहां आराम फ़रमा रहे हैं, उधर छड़ तो चोरी हो गई।'

शाह साहब ने मुलाज़िमों की ज़बानी छड़ की चोरी का आंखों देखा हाल सुना, पर ख़ामोश रहे।

सुबह अभी हुई ही थी कि नवाब साहब के कोठे से दिल-जली आवाज़ें आने लगीं। एक साहब ने शाह साहब की तज़हीक में यह जुमला कसा-

'सुब्हान अल्लाह! क्या शाह साहब इन्हीं मेढकों से हर रोज़ चनकों का शिकार खेलते हैं! बेशक तुमने चनकों पर हाथ साफ़ किया है।'

दूसरी आवाज़ कहती है -

'वल्लाह, हम ने कुछ नहीं किया। पिंजरों में इन मेढकों के सिवा कुछ नहीं था। चनकों का तो नाम भी नहीं।'

पहले साहब की तंबीह-भरी आवाज़ उभरी -

'तुम्हारी यह बात मानने के क़ाबिल नहीं। जान की ख़ैर चाहते हो, तो इसी वक़्त चनके लेकर आओ। वरना हमसे बुरा कोई नहीं होगा।'

डरा-सहमा मुलाज़िम बोला -

'हुज़ूर, आप हम पर फ़ज़ूल तोहमत लगाते हैं। पिंजरों के साथ ये पुर्ज़े बंधे मिले। खुद ही देख लें। हुरूफ़ तो आप पहचानते ही हैं, शाह साहब की तहरीर है ना! ठीक से देख लें, क्या ये हमारे हाथ की तहरीरें हैं?'

अशराफ़ज़ादों ने सांसें रोककर पर्चों पर दर्ज इबारतें पढ़ीं।

शर्मिंदगी और ख़िफ़्फ़त से उनकी नज़रें झुक गईं।

दूसरी तरफ़, शाह साहब की हवेली के बालाई हिस्से में ठहाकों का शोर थमने का नाम नहीं ले रहा था।

बेगम का ख़ज़ाना

एक दिन सरकार नवाब के मशीरे ख़ास नवाब मंज़िल का पैग़ाम लेकर हवेली आए। इधर, उनका हवेली में आना-जाना क़दरे कम हो गया था। खुद सरकार नवाब भी उनसे कतराने लगे थे। उनकी पुर-मज़ाक़ मुसाहिबदारी बाज़ अवक़ात तकलीफ़ का सबब बन जाती। पुराने क़रीबी रिश्तों और मरासिम का लिहाज़ रखते हुए सरकार नवाब तल्ख़-गोई से परहेज़ करते थे, लेकिन सच तो यही है कि उन्हें मशीरे ख़ास की सोहबत अब किसी सूरत पंसद नहीं थी।

यही वजह है, हवेली में उनकी आमद की ख़बर से किसी को खुशी नहीं हुई। वो सीधे सरकार नवाब की नशिस्तगाह में आए और नवाब मंज़िल का पैग़ाम सुनाया।

'नवाब संझली बेगम को जहेज़ में हवेली से मिले ज़ेवरात और दूसरे बेशक़ीमत सामान हवेली को लौटाना चाहते हैं। वो इन दिनों बेहद रंजीदा और तन्हाई-पसंद हो गए हैं। ज़मींदारी के मामलात में भी अब उनकी कोई दिलचस्पी नहीं रह गई है। मजलिसों में भी उनकी शिरकत नहीं के बराबर है। कहते हैं, 'ज़ेवरात और दीगर क़ीमती सामान बेगम के हैं। मैं उन्हें कब तक संभाल कर रख पाऊंगा। इजाज़त लेकर ये सामान हवेली पहुंचा दें, तो मुझे सुकून होगा।'

सरकार नवाब ने ख़ामोशी से मशीरे ख़ास की बात सुनी। कुछ देर सोचते रहे, फिर सरकार बेगम की तरफ़ देखकर बोले– 'बेटी किधर है? आप उसे नवाब मंज़िल का पैग़ाम पहुंचा दें। देखें, वो क्या कहती है!'

'मैं उसे यहीं बुला लेती हूं। अपने सामने उसकी राय जान लें, तो बेहतर हो।'

सरकार नवाब ने हामी भरी तो बेगम खुद चलकर बेटी के कमरे में आईं। तफ़सील बताए बग़ैर बेटी को साथ लेकर नशिस्तगाह में आईं।

मशीरे ख़ास ने निहायत होशियारी के साथ नपे-तुले जज़्बाती अलफ़ाज़ में नवाब मंज़िल का पैग़ाम दुहराया। आख़िर में बोले–

'तुम राज़ी हो तो मैं कल ही नवाब को जहेज़ का सामान हवेली पहुंचाने का इंतज़ाम करने को कह दूं। सामान यहां आ जाएंगे तो उनकी हिफ़ाज़त भी हो जाएगी और तुम्हारे इस्तेमाल में भी रहेंगे।'

संझलो बेगम मशीरे ख़ास की बात सुनते ही अपना आपा खो बैठीं। उन्हें इस बात का भी ख़्याल नहीं रहा कि वो सरकार नवाब की नशिस्तगाह में बैठी हैं, और उनके सामने सरकार बेगम का चेहरा है। वो तैश में आकर बोल उठीं–

'नवाव से कहिए मेरे जहेज़ के तमाम सामान नवाब मंज़िल में दफ़न कर दें। उनकी याद दिलाकर मेरे ज़ख़्मों को ताज़ा करने की कोशिश नहीं करें। मुझे इन ज़ेवरात की परछाईं देखना भी गवारा नहीं। आपसे भी मेरी गुज़ारिश है कि नवाब की जानिब से आइंदा भी ऐसे फ़ज़ूल पैग़ाम लेकर हवेली का रुख़ नहीं करें।'

अपनी बात साफ़-साफ़ लफ्ज़ों में कहकर बेगम नशिस्तगाह से उठ

गईं। सरकार नवाब, सरकार बेगम और मशीरे ख़ास बेगम का जवाब सुनकर गहरी फ़िक्र में डूब गए।

मशीरे ख़ास ने बेगम की बात किन अलफ़ाज़ में नवाब मंज़िल तक पहुंचाई, किसी को नहीं मालूम। लेकिन नवाब की ज़िंदगी में आनेवाली तब्दीलियों की बाबत ख़बरें मुख़्तलिफ़ ज़राए से हवेली तक पहुंचती रहीं।

एक दिन यह ख़बर भी आई कि नवाब अपना ज़ेहनी तवाज़ुन खो बैठे हैं, और दिन-दिन भर गंदे कपड़ों में इमाम बारगाह की सीढ़ियों पर बैठे रहते हैं। राहगीर उन्हें इस हाल में देखकर ग़मो अंदोह में मुब्तला हो जाते हैं। हवेली से जब तक कोई बंदा आकर उन्हें उठाता नहीं, वो इंतेशार की सूरत बने वहीं बैठे रहते हैं।

फिर एक दिन यह ख़बर भी आई कि नवाब मंज़िल रेहन पर चढ़ गई है। किसी जज ने इसे अपनी तहवील में ले लिया है।

कहते हैं, जज साहब के वारसीन भी इस शानदार हवेली को बहुत ज़्यादा दिनों तक संभाल कर नहीं रख सके। जज साहब की वफ़ात के बाद से ही हवेली के मुस्तक़बिल को लेकर नवाब मंज़िल के नए मालिकों के बीच ग़ौरो फ़िक्र का दौर शुरू हो गया।

एक दिन, अचानक शहर में यह ख़बर फैली कि जज साहब के बेटों ने नवाब मंज़िल समेत पूरी दस एकड़ ज़मीन कुछ हिस्सों में तक़सीम करके चंद पैसे वालों को बेच दी।

नवाब अपनी ख़ानदानी हवेली से बेदख़ल हो गए। अब उनके पास इमाम बारगाह की सीढ़ियों के सिवा कोई जगह नहीं बच गई थी।

कहते हैं, नवाब मंज़िल के ख़रीदारों ने अपने-अपने मकान तामीर करना शुरू किए तो खुदाई के दौरान अजीब-अजीब वाक़्यात पेश आए।

एक रोज़ शहर में हंगामा हुआ कि नवाब मंज़िल में नींव की खुदाई का काम रुक गया है, और पुलिस ने मंज़िल पर छापे डाले हैं।

जज के बेटे अब भी नवाब मंज़िल से पूरी तरह एलाहदा नहीं हुए थे। हुकूमत में अच्छी रिसाई थी। पैसों के साथ असर-रसूख़ का भी इस्तेमाल हुआ, और जो तूफ़ान नवाब मंज़िल की चहारदीवारी में उठा था, पूरी तरह दबा दिया गया।

बाद में, अफ़वाहों की शक्ल में, शहर में यह बात भी फैली कि नवाब मंज़िल में नए मकानों की नींव की खुदाई में सेहन के एक हिस्से से देगों में बेशक़ीमत ज़ेवरात और उरूसी पोशाकें बरामद हुईं। यह बात भी साम्ने आई कि पच्चासों बरस क़बल नवाब ने ये क़ीमती सामान देगों में रखकर ज़मीन की गोद में दफ़न कर दिए थे।

नवाब ने यह काम निहायत पोशीदा तौर पर अपने हाथों अंजाम दिया था। नवाब मंज़िल के ख़ादिमों तक को इसकी भनक नहीं लगी थी।

नवाब की ज़िंदगी में बुरे दिन आते रहे। ज़मीन-जायदाद व दीगर क़ीमती सामान नीलामी के दौर से गुज़रते रहे। खुद नवाब तंगहाली का शिकार होते गए। मगर उन्हें नवाब मंज़िल के सेहन में ज़मीन की गहराइयों में दफ़्न इस ख़ज़ाने की याद नहीं आई। मुमकिन है, याद आई भी हो, तो बेगम की कही बात का असर इतना ग़ालिब था कि नवाब की हिम्मत नहीं हुई कि ज़मीन की तह में जाकर इस ख़ज़ाने को हाथ लगायें।

मुक़ामी ज़राए पूरे वाक़यात की तस्दीक़ करते हैं। वो देगों की कुल तायदाद पांच से दस तक बताते हैं।

जज साहब के बेटों ने इन देगों में बंद ख़ज़ाने का क्या किया, किसी को क्या मालूम! इतनी ख़बर ज़रूर आई कि कई शहरों में नई कोठियां ख़रीदी गईं, और बेटों ने ग़ैर मुल्कों की सय्याही इख़्तियार की।

राह चलते, कोई नवाब से ज़मीन में दफ़्न इस ख़ज़ाने के बारे में सवाल पूछता तो उनकी आंखों से आंसू बहने लगते। उनके पास ख़ामोशी के चंद अलफ़ाज़ और इन आंसुओं के सिवा कुछ नहीं बचा था!

हवेली में जब ये इब्रतनाक ख़बरें पहुंचीं, काफ़ी देर हो चुकी थी।

सरकार नवाब और सरकार बेगम दोनों बेटी के ग़म में रुख़सत हो चुके थे।

हवेली अपना मर्सिया ख़ुद पढ़ रही थी। ख़ुद ही मातमकुनां थी!

हवेली का तोहफ़ा

सुबह की नमाज़ के फ़ौरन बाद ही बस्ती में ज़बरदस्त शोर-व-ग़ौग़ा उठा। पहले तो किसी की समझ में कुछ न आया। बस्ती की सारी ख़िलक़त बिस्तर से उठकर सीधे-मुंह हवेली को जाने वाली सड़क पर आ गई। थोड़ी देर के लिए बस्ती इस हलचल से थर्रा उठी।

हवेली में ज़नानख़ाने से रोने-पीटने की आवाज़ें मुसलसल आ रही थीं।

हवेली के सदर दरवाज़े के आसपास आकर मजमा थोड़ी देर के लिए थमकर हालात का जायज़ा लेने लगा। लोग दरअसल हवेली से किसी के बाहर आने के मुंतज़िर थे, ताकि मामले को समझने की सूरत पैदा हो।

तभी हवेली के अंदर से एक ख़ादिम बेहाल भागता हुआ बाहर निकला। एक साथ कई-कई लोगों ने हवेली में मचे शोर की वजह जानने की कोशिश की। लेकिन ख़ादिम एक पल को भी रुके बग़ैर सड़क की तरफ़ भागा। जाते-जाते उसके मुंह से एक लफ़्ज़ निकला - 'पुलिस'।

मजमा थोड़ी देर के लिए घबरा गया। तरह-तरह का ख़्याल दिमाग़ में आने लगा। हवेली में कोई संगीन हादसा तो नहीं पेश आ गया!

कुछ ही देर में वहां पुलिस आ गई। साथ में आला अफ़सर भी आए।

सबके सब हवेली में दाख़िल हुए। मजमे को अब भी हक़ीक़त जानने की बेचैनी थी।

पुलिस के ही एक अमले ने, बाद में, उन्हें हवेली के सदर दरवाज़े से हट जाने की ताकीद की। साथ-साथ, यह ख़बर भी दी कि हवेली में संगीन चोरी का वक़्या पेश आया है। बड़ी बेगम साहिबा के सारे ज़ेवरात, हीरे-जवाहरात, ख़ानदानी पोशाकें, सब के सब, चोरी चले गए हैं। चोर पूरा संदूक़ ख़ाली कर गए हैं। पुलिस तहक़ीक़ात में जुट गई है। चोरी गए सामान की फ़ेहरिस्त बन रही है। देखिए, क्या नतीजा सामने आता है!

फिर अचानक बस्ती के तमाम रास्तों की नाकेबंदी शुरू हो गई। आसपास के कई थानों की पुलिस के जवानों ने पूरी बस्ती को ही घेर लिया। यहां तक कि पहाड़ों तक पहुंचने वाली गलियां भी पुलिस के जवानों से भर गईं। लोगों का अपने घर से बाहर निकलना दुश्वार हो गया।

बस्ती में वहशत का आलम तारी था।

रास्तों की नाकेबंदी के बाद तमाम घरों की तलाशी का काम शुरू हुआ।

अभी, एक हफ़्ता क़बल ही, छोटी बेगम इलाज के ख़्याल से शहर गई थीं। हवेली में छोटे नवाब थे या फिर मुलाज़िम और ख़ादिमाएं। हवेली के इस हिस्से तक छोटे नवाब के सिवा किसी की रिसाई नहीं थी। चोर आए तो किधर से, और इतने सामान के साथ गए तो किस रास्ते?

ये सवाल बस्ती के लोगों के साथ पुलिस को भी परेशान करते रहे।

पुलिस ने, बज़ाहिर, तफ़तीश में कोई कमी नहीं की। हवेली के एक-एक फ़र्द का बयान लिया गया। पुलिस के एक बड़े अफ़सर ने

छोटे नवाब से बार-बार पूछा, क्या उन्हें किसी पर शक है? छोटे नवाब ने हर बार इनकार में सर हिलाया।

हवेली के अमलों से सवाल-जवाब के बाद पुलिस ने संदूक़, टूटे तालों और तमाम रास्तों से हाथ-पैर के निशान तलाशने शुरु किए। यहां भी उसे कोई ख़ास कामयाबी मिलती नज़र नहीं आई।

शाम होते-होते छोटी बेगम शहर से वापिस आ गईं। एक तो तबीयत की नासाज़ी, दूसरे चोरी के वाक़ए ने उन्हें बेहद निढाल कर दिया था। छोटे नवाब ने ज़ेवरात की चोरी का माजरा सुनाया तो उनकी आंखों से आंसुओं की झड़ी लग गई।

'हाय क़िस्मत! अम्मीजान ने बरसों बरस इन क़ीमती ज़ेवरात और ख़ानदानी असासे को किस तरह संभालकर रखा था। खुद अपने ज़ेवरात मैंने, उनके मना करने पर भी, इसी संदूक़ में रख दिए थे। अब मैं ख़ानदान वालों को क्या मुंह दिखाऊंगी! मेरी क़िस्मत ख़राब थी कि मैं कुछ दिनों के लिए बस्ती से बाहर चली गई। खुदा मालूम, अब क्या होगा! पुलिस चोरों को गिरफ़्त में ले सकेगी? ज़ेवरात बरामद हो सकेंगे? मैं तो सन्नाटे में हूं।'

'हालात का सामना करने के अलावा चारा क्या है! अपनी तबीयत को संभालें। पुलिस के बड़े अफ़सरों ने मुझे यक़ीन दिलाया है कि जल्द ही चोरी गए सामान बरामद कर लेंगे। कल तक खोजी कुत्तों के साथ कुछ और अफ़सर भी बस्ती पहुंचने वाले हैं।'

'चोरी दरअसल हुई कब, क्या गुज़श्ता शब?' छोटी बेगम ने पूछा।

'पता नहीं! मैं परसों शिकार पर चला गया था। दो दिन शिकारगाह में ही गुज़रे। कल की शब ही वापिस आया। आज सुबह किसी ख़ादिम

ने तोशाख़ाने जाते हुए कमरे का दरवाज़ा खुला देखा तो घबराकर मुझे आवाज़ दी। मैं भागकर आया तो संदूक़ के टूटे तालों पर नज़र पड़ी। संदूक़ की कुंजी तो आपने ही कहीं संभालकर रखी है। है ना?'

छोटी बेगम भागती हुई अपने कमरे में गईं। कपड़ों की अलमारी में संदूक़ की कुंजियां महफ़ूज़ पड़ी थीं। उसी हाल में जैसे उन्होंने रख छोड़ी थीं।

पुलिस वालों ने शक की बुनियाद पर बस्ती के दर्जन भर लोगों को गिरफ़्तार किया। इनमें ज़्यादातर पेशेवर मुजरिम, छोटी मोटी चोरियां करने वाले उठाईगीर और बस्ती में ताले-चाभी की मरम्मत करने वाले कारीगर थे।

पुलिस की धमकियों और दबिश के बावजूद कोई सुराग़ इस बड़ी चोरी का सामने नहीं आया। थाने के अमले अपने रिकार्ड ठीक करने में मसरूफ़ रहे।

छोटी बेगम के आंसू रोके नहीं रुक रहे थे। छोटे नवाब की तरफ़ से उन्हें दिलासा देने की सारी कोशिशें बेअसर थीं। इस कैफ़ियत में, छोटी बेगम की बीमारी संगीन सूरत इख़्तियार करती जा रही थी। हवेली के सारे लोग, रिश्ते-नातेदार उनकी गिरती सेहत से गहरी फ़िक्र में मुब्तला थे। इलाज की सारी कोशिशें नाकाम थीं।

छोटी बेगम ज़ेवरात की चोरी से उतनी परेशान नहीं थीं, जितना यह सोचकर थीं कि वो बेगम नवाब की सौंपी अमानत की हिफ़ाज़त नहीं कर पाईं। ये एहसास उन्हें खाये जा रहा था।

वाक़ए के दस-पंद्रह दिन बाद, छोटी बेगम की सेहत में कुछ बेहतरी

नज़र आई तो छोटे नवाब हफ़्ता भर के सफ़र पर रवाना हुए। बज़ाहिर उनका यह सफ़र अपने कारोबार को फ़रोग़ देने की ग़र्ज़ से हो रहा था, लेकिन उन्होंने सफ़र में अपने साथ किसी और को शरीक नहीं किया, यहां तक कि आमदनी-ख़र्च का हिसाब रखने वाले अमले भी बस्ती में ही मुक़ीम रहे।

हफ़्ता दिन बाद, किसी शहर से छोटे नवाब की ख़बर आई कि कारोबार से मुतल्लिक़ मोआहदे को आख़िरी शक्ल देने में आई रुकावट के सबब उनकी वापसी में मज़ीद ताख़ीर हो सकती है।

छोटे नवाब ने अपनी बेगम या हवेली के किसी शख़्स को अपने सफ़र और क़्याम की तफ़सील बताने से गुरेज़ किया था। इसलिए सब के सब तारीकी में थे।

छोटे नवाब तक़रीबन चार हफ़्ते बाहर रहकर बस्ती लौटे। आते ही उन्होंने अमलों से ज़ेवरात की चोरी की बाबत दरियाफ़्त किया। अमलों ने कोई सुराग़ नहीं मिलने की बात कही तो छोटे नवाब किसी क़दर आसूदा-ख़ातिर नज़र आए।

'पुलिस की जांच से क्या पता चला?'

'थानेदार दो-चार बार हवेली आये थे। कह गए कि आप के लौटते ही उन्हें ख़बर दी जाए। हमने अभी उन्हें आपके लौट आने की इत्तिला दे दी है।'

'ठीक है', कहकर छोटे नवाब ज़नानख़ाने की तरफ़ चले गए।

बेगम ने उनपर नज़र पड़ते ही पूछा- 'सफ़र कैसा रहा? कारोबार का मुआहदा किस मंज़िल में है? कोई ख़ास दिक़्क़त या परेशानी तो नहीं हुई।'

'नहीं, बस थोड़ी रुकावट दरम्यान में आई थी, सो ब-आसानी दूर हो गई। इस मामले में इंशाअल्लाह हमारे हालात बेहतरी की तरफ़ जाएंगे। आप बिल्कुल फ़िक्र न करें। बस महीने में हफ़्ता-दस दिन बस्ती से बाहर रहना ज़रूरी होगा। हवेली के मामलात हस्बे मामूल आपकी निगरानी में रहेंगे।'

'मैं तो अब भी ज़ेवरात की चोरी के सदमे से चूर हूं। हर वक़्त मुझे यह एहसास परेशान करता है कि मैं बेगम नवाब की दी हुई अमानत की हिफ़ाज़त नहीं कर पाई। अक्सर ख़्वाब में बेगम नवाब को देखती हूं। वो कहती कुछ नहीं, पर मुझे महसूस होता है जैसे पूछ रही हों, मेरी अमानत तुमने संभाल कर रखी है ना। डरती हूं, किसी दिन सचमुच उन्होंने पूछ ही दिया तो मैं जवाब क्या दूंगी।'

'अपने ऊपर इतना गहरा असर नहीं लें। कारोबार का मामला तय होते ही हम नए ज़ेवरात ख़रीद लेंगे। ...'

'लेकिन वो ज़ेवरात, वो पोशाकें कहां से लाएंगे जिनसे हमारी यादें वाबिस्ता हैं, जिनसे कई-कई पीढ़ियों के रिश्ते जुड़े हैं? भला वो सब कैसे वापिस लाएंगे!'

'उन्हें तो अब भूलना ही बेहतर है, बेगम! उनके मुतल्लिक़ सोचकर खुद को कमज़ोर-व-नातवां करने से क्या हासिल!'

बेगम की आंखें ग़म में डूब गई थीं।

छोटे नवाब की बातों का उनके पास कोई जवाब नहीं था।

ख़ादिमा को चाय-नाश्ते का इंतज़ाम करने की ताकीद करते हुए वो उठकर अपने कमरे की तरफ़ चली गईं।

दूसरे दिन, छोटे नवाब अपने अहबाब के साथ शिकार को चले गए। जाते वक़्त कह गए, दो-चार दिन उन्हें शिकारगाह में ही क़याम करना होगा। काश्त और मुक़दमों से मुतल्लिक़ कई अहम मामले उन्हें निपटाने हैं।

छोटे नवाब के शिकार पर जाने के दूसरे दिन एक अजीब वाक़या पेश आया। लखनऊ से कोई शख़्स छोटी बेगम के नाम एक ख़त लेकर आया। ख़त में सिर्फ़ इतना लिखा था – 'छोटी बेगम साहिबा, अपने किसी ख़ास भरोसे के आदमी को फ़ौरन मेरे दिए पते पर लखनऊ भेजें। इहतियात करें कि इस बात की इत्तिला किसी को नहीं हो।'

ख़त लिखने वाले ने अपना नाम तो नहीं लिखा, लेकिन पूरा पता ज़रूर दर्ज किया।

छोटी बेगम वसवसे में पड़ गईं। उन्हें हवेली में कोई शख़्स ऐसा नज़र नहीं आया जिससे वो मशविरा कर सकतीं। कुछ घंटे इसी तज़बज़ुब में गुज़र गए। जिस किसी ने भी उन्हें फ़िक्रमंद देखकर वजह जानना चाही, छोटी बेगम अपनी तबीयत की नासाज़ी बताकर उसे टाल गईं।

शाम हो चली थी, और लखनऊ की तरफ़ जाने वाली गाड़ी का वक़्त क़रीब आ रहा था कि अचानक छोटी बेगम को ख़्याल आया, क्यों न मैं ख़ुद ही किसी अमले के साथ लखनऊ चली जाऊं।

सोचने-समझने के लिए वक़्त ज़्यादा नहीं बचा था।

छोटी बेगम एक ख़ास अमले के साथ सफ़र को निकल पड़ीं।

लखनऊ छोटी बेगम का देखा-भाला शहर था। ख़त में दिए गए पते पर पहुंचने में कोई ख़ास दिक़्क़त उन्हें नहीं हुई।

वो एक आलीशान इमारत थी, जिसके आगे छोटी बेगम की टैक्सी आकर रुकी। गेट के पास खड़ा एक संतरीनुमा मुलाज़िम उन्हें मकान के अंदर ले गया, जहां एक ख़ूबसूरत नवजवान ख़ातून ने उनका इस्तक़बाल किया।

'मैं माह-रू हूं। मैंने ही आपको ख़त लिखा था। मुझे नहीं मालूम था आप खुद चलकर यहां आ जाएंगी।'

'मैंने सोचा, ज़रूर ही कोई अहम बात होगी कि आपने मुझे ख़बर भेजी।'

'आप लंबे सफ़र से आ रही हैं। पहले नहा-धोकर अपनी थकान दूर कर लें। फिर बात होगी।'

मेज़बान ख़ातून छोटी बेगम को लेकर मेहमानों के एक बड़े कमरे में आ गईं।

'इसे अपना घर समझें। आपको यहां कोई तकलीफ़ नहीं होगी। मैं चाय-नाश्ते का इंतज़ाम करती हूं।'

छोटी बेगम घर की क़ीमती सजावट देखकर हैरान थीं।

कुछ ही देर में तैयार होकर वो बाहर आ गईं।

ख़ातून नाश्ते की मेज़ पर उनकी मुंतज़िर थीं।

'आप मुझे कैसे जानती हैं? अपने मुतल्लिक़ आपने कुछ नहीं बताया।'

'मैंने कहा ना, मैं माह-रू हूं। यहीं लखनऊ में पली-बढ़ी हूं। दरअसल आपका कुछ ज़रूरी सामान मेरे पास रखा है। आपको लौटाना चाहती हूं।'

'मेरा सामान? वो कैसे? खुदा के लिए पहेलियां नहीं ... पूरी बात बताइए।'

'इधर, मेरे साथ आइए।'

मेज़बान ख़ातून छोटी बेगम को लेकर फिर उसी कुशादा कमरे में आ गईं। एक किनारे रखी अल्मारी खोलकर दो बड़े सूटकेस निकाल लाईं। फिर उन्हें खोलकर छोटी बेगम के सामने बिस्तर पर रख दिया।

बिस्तर पर बिखरे सामान देखकर छोटी बेगम को ग़श आ गया।

वहां उनकी तमाम बेशक़ीमत पोशाकें और ज़ेवरात पड़े थे।

'दरअसल, ये सारे ज़ेवरात और पोशाकें छोटे नवाब मुझे दे गए हैं। मैंने उनका दिल रखने की ख़ातिर इन्हें अपने पास रहने दिया। पर ये ज़ेवरात और ये उरूसी पोशाकें आप के लिए हैं। मुझे मालूम है, ये चूड़ियां, ये हार, ये कंगन, सब बेगम नवाब ने शादी के मौक़े पर आपको दिए थे। आपकी ख़ूबसूरत कलाइयों और गले में ही ये तमाम ज़ेवर अच्छे लगेंगे। बेगम नवाब की रूह को भी इससे राहत मिलेगी ...'

'लेकिन, बहन, ये ज़ेवरात और पोशाकें अब मेरी कहां रहीं! इन पर आपका, सिर्फ़ आपका हक़ है। ये सब आपके पास रहें तो बेगम नवाब की रूह को कहीं ज़्यादा ख़ुशी होगी। मैं इन्हें ले जाकर अब कहां रखूंगी। यक़ीन मानिए, मैं दिल से यह बात कह रही हूं ...'

'नहीं, छोटी बेगम! मैं इन्हें अपने पास नहीं रख सकती। मुझे अपनी अम्मी की वसीअत पर अमल करने दीजिए। अपनी आंखें हमेशा के लिए बंद करते वक्त अम्मी ने कहा था– 'ये ज़ेवरात, ये कंगन, ये पोशाकें छोटी बेगम को पहुंचा देना। बेटी, इन्हें अपने पास मत रखना। मेरे मरते ही छोटी बेगम को ये सामान ज़रूर पहुंचा देना।'

'आपकी अम्मी ...' छोटी बेगम की आवाज़ गले में घुट गई थी।

आंखों से खारे पानी की बूंदें टपकने लगी थीं।

'मेरी अम्मी, बेगम गुल-रू, लखनऊ की मशहूर रक़्क़ासा थीं। नवाब साहब जब हयात थे, वो एक बार आपकी बस्ती भी गई थीं। बरसों बाद, किसी महफ़िल में, मेरी मुलाक़ात छोटे नवाब से हुई। उन्होंने मुझे बेहद अज़ीज़ रखा। एक माह पहले, जब वो लखनऊ आए, ये ज़ेवरात मुझे बतौर तोहफ़ा दे गए। तीन-चार दिन बाद, मैंने अम्मी को ये पोशाकें और ज़ेवरात दिखाए। इस कंगन पर नज़र पड़ते ही उनकी हालत गै़र हो गई, सांसें बेतरतीब चलने लगीं। अपनी मुंतशिर सांसों के बीच अम्मी ने ये कीमती तोहफ़े आपको लौटा देने की वसीअत की। इस वसीअत के साथ ही उनकी ज़बान बंद हो गई। अब आप बताइए, मैं इन्हें अपने पास कैसे रख सकती हूं।'

इमारत के उस कुशादा कमरे में छोटी बेगम और माह-रू एक-दूसरे से लिपट कर रो रही थीं। उनकी चीख़ें पूरी इमारत में गूंज रही थीं।

मेहमानों के इस कमरे में, दीवार पर टंगी, एक ख़ूबसूरत रक़्क़ासा की रंगीन तस्वीर छोटी बेगम का ध्यान बार-बार अपनी तरफ़ खींच रही थी!

दूसरे दिन, छोटी बेगम ने हवेली के मुलाज़िम को वापिस बस्ती रवाना कर दिया।

छोटी बेगम ने हवेली के लोगों को कहला भेजा कि वो कुछ दिन और लखनऊ में ही क़्याम करेंगी। और यह भी कि, इस दरम्यान, हवेली का कोई फ़र्द उनकी तन्हाई में ख़लल डालने की कोशिश नहीं करे।

बैंक की लूट

मुल्क को आज़ाद होने में अभी थोड़ा वक़्फ़ा था।

लेकिन बस्ती में आज़ादी के आसार नज़र आने लगे थे।

ये आसार अच्छे भी थे, और बुरे भी। अच्छे इस मायने में कि आज़ादी की लंबी जंग अपने अंजाम को पहुंचने वाली थी, और गुलामी के दिन आख़िरी सांसें ले रहे थे।

बस्ती में आज़ादी के तसव्वुर से ही एक नए जोश और हौसले की फ़िज़ा क़ायम होना शुरू हो गई थी।

लेकिन आज़ादी के साथ ही मुल्क की तक़सीम एक डरावने ख़्वाब की तरह पहाड़ की चोटियों से नीचे हवेली की राहदारियों में पहुंचने लगी थी। एक तरफ़, ज़मींदारी का दबदबा, आहिस्ता-आहिस्ता, ज़वाल की तरफ़ सरक रहा था, दूसरी तरफ़ बस्ती की तमाम हवेलियों में अफ़रा-तफ़री और अदम-तहफ़्फ़ुज़ का माहौल छा रहा था।

काश्तकारी की बुनियादें हिल रही थीं। हर जानिब खुद-मुख़तारी और निराजियत के तेवर अपनाए जा रहे थे। कोई किसी के कहने में नहीं था। ज़मींदारी के क़िले की तमाम कीलें ढीली पड़ रही थीं।

हवेली में घटती आमदनी को देखकर जिन नवाबज़ादों ने सूद का कारोबार शुरू कर दिया था, उन्हें अब यह कारोबार भी नुकसान का सौदा ही नज़र आ रहा था।

बस्ती में हर तरफ़ परेशान चेहरों का जमघट था। हवेली में गुर्बत-व-अफ़लास का साया फैलने लगा था। लोग नफ़सियाती बुहरान का शिकार होकर तर्क-ए-वतन की सोचने लगे थे। बस्ती की हवेलियों में ज़िंदगी की तमाम अलामतें, आहिस्ता-आहिस्ता, दम तोड़ती नज़र आ रही थीं। नवजवान तब्क़ों के दिलो-दिमाग़ पर मायूसियों का आलम तारी था। बस्ती की वीरानियां उन्हें काटने दौड़ती थीं।

कहते हैं, बस्ती के कुछ फ़ितनागर अशराफ़, एक रोज़, मुस्तक़बिल के लिए अपना रास्ता तय करने के इरादे से पोशीदा तौर पर सलाह-मशविरा करने बैठे। सब को इस बात की फ़िक्र थी कि हालात तेज़ी से बदल रहे हैं, और हवेली की जायदाद को संगीन ख़तरा लाहक़ हो गया है।

ग़ौर-व-फ़िक्र के बाद तय पाया कि, जल्द से जल्द, हवेली के ज़ेवरात, हीरे-जवाहरात, क़ीमती सामान और जायदाद से मुतल्लिक़ दस्तावेज़ और क़ानूनी सनदों की हिफ़ाज़त के लिए कुछ ठोस इक़दाम किया जाए। यह अंदेशा ज़ाहिर किया गया कि कोई क़दम नहीं उठाने की सूरत में उन्हें सब कुछ से हाथ धोने की नौबत आ सकती है।

ज़मीन-जायदाद की बारीकियों से अच्छी तरह वाक़िफ़ बस्ती के लोगों में से कुछ ने यह मशविरा दिया कि बस्ती की दर्जन-भर हवेलियों में क़ीमती ज़ेवरात और अहम दस्तावेज़ों का बिखरा रहना ख़तरे से ख़ाली नहीं। हवेली के कारिंदों, यहां तक कि पीढ़ी-दर-पीढ़ी हवेली की ख़िदमत में लगे ख़ादिमों पर भी हवेली के तमाम राज़ खुले हुए हैं। उनकी नीयत पर यक़ीनी तौर से भरोसा नहीं किया जा सकता। ऐसी सूरत में सब कुछ के ज़ाया हो जाने का ख़तरा है।

एक तेज़-दिमाग़ अशराफ़ज़ादे ने तजवीज़ रखी कि अगर क़ीमती ज़ेवरात और काग़ज़ात की हिफ़ाज़त करना मक़सूद है तो पोशीदा तौर पर सदर हवेली के किसी गोशे में एक बैंक क़ायम कर लिया जाए और साकिनान-ए-हवेली को अपने-अपने ज़ेवरात और ज़मीन-जायदाद के काग़ज़ात वहां जमा करने को कहा जाए। सलाह-मशविरे में शरीक तमाम लोग इस तजवीज़ की बारीकियां समझकर मुत्तफ़िक़ हुए। सबने मिलकर इसे अमली शक्ल देने के लिए कुछ बेदार-ज़ेहन अशराफ़ का इंतेख़ाब किया।

ग़रज़ बस्ती में पोशीदा तौर पर एक बैंक क़ायम हो गया। ज़ाहिर है, नवाब साहब की हवेली इस काम के लिए सबसे महफ़ूज़ और मुनासिब जगह क़रार पाई। वहीं इस पोशीदा बैंक का दफ़्तर खोला गया।

कानों-कान, बैंक खोले जाने की ख़बर हवेली की राहदारियों तक पहुंच गई।

हवेली की बेगमात को समझाया गया कि आज़ादी का एलान होते ही बस्ती में बद-अमनी, लूटपाट और ज़मीन-जायदाद पर ज़बरदस्ती कब्ज़ा करने का सिलसिला शुरू हो जाएगा। किसी के क़ीमती सामान और ज़मीन-जायदाद की दस्तावेज़ महफ़ूज़ नहीं होगी। इसलिए लाज़िमी है कि तमाम क़ीमती ज़ेवरात, सोने-चांदी के सिक्के नवाब साहब की हवेली में खुले इस बैंक के सुपुर्द कर दिए जाएं। ज़रूरत भर पैसे ही अपने पास रखे जाएं।

हफ़्ता भर की मुहिम ने बस्ती में अपना असर क़ायम कर लिया।

देर-सवेर, तमाम बेगमात इस तजवीज़ पर राज़ी हो गईं। सब ने अपने-अपने ज़ेवरात, सिक्के, क़ीमती कपड़े, ज़मीन-जायदाद की दस्तावेज़, बसीक़े, बेअनामे बैंक के इंतज़ामकारों के हवाले कर दिए।

इस मुकम्मल यक़ीन के साथ कि हवेली में इनकी हिफ़ाज़त का पुख़्ता इंतज़ाम होगा। उन्हें यह भरोसा दिलाया गया कि ज़रूरत के तहत उन्हें इनमें से कोई भी सामान आसानी से वापिस मिल जाएगा।

हवेली के इस बैंक में बाक़ायदा क़ीमती सामानों और ज़रूरी कागज़ात की फ़ेहरिस्त तैयार हुई।

इंतज़ामकारों ने हस्बे वायदा फ़ेहरिस्त की एक नक़ल बेगमात को सौंपने में ताख़ीर की तो उनके ज़ेहन में तरह-तरह के सवाल उठने लगे।

सब की सब, एक दिन, नवाब साहब की हवेली पहुंचीं और ताख़ीर की वजह जानने को बज़िद हुईं।

अभी वो हवेली के अंदरख़ाने में महवे गुफ़्तगू ही थीं कि बाहर किसी हरकारे ने आकर इत्तिला दी कि बस्ती से बीस कोस की दूरी पर शदीद बलवा हो गया है और बलवाइयों ने एक ख़ास फ़िरक़े को निशाना बनाकर उनके घरों और दुकानों में आग लगा दी है।

हरकारे ने यह भी बताया कि ख़ुद उसने अपनी आंखों से बलवाइयों के एक ग़ोल को बैंक और रेलवे स्टेशन पर लूटपाट करते देखा। बलवाई बैंकों से नोट की गड्डियां लूटकर सड़कों पर आज़ादाना घूम रहे थे।

हवेली के शातिर-दिमाग़ इंतज़ामकारों ने हरकारे की लाई ख़बरों को अपने लिए मुज़दा-ए-मुबारक समझा। वो हैरान-परेशान बेगमात से मुख़ातिब हुए-

'पड़ोसी शहर में क्या कुछ हो रहा है, इसकी तफ़सील आपने अपने कानों से सुन ली। आपको हवेली पर एतमाद और यक़ीन नहीं हो तो अपने सामान वापिस ले जा सकती हैं। हम तो आपकी जायदाद और क़ीमती असासे की हिफ़ाज़त की ख़ातिर ही यह परेशानी उठाने को

राज़ी हुए थे। आप सब को यक़ीन नहीं, तो अपने हाथ समेट लेने में हमें कोई उज्र नहीं।'

बेगमात बेबस होकर शातिर-दिमाग़ अशराफ़ज़ादों को देखने लगीं।

उनके चेहरों से बेचारगी झलकने लगी थी।

नम आंखों के साथ वो अपनी-अपनी हवेलियों की तरफ़ लौट गईं।

कहते हैं, इस वाक़ए को एक हफ़्ता भी नहीं गुज़रा कि अचानक हवेली में डकैती की ख़बर फैली।

नवाब साहब की हवेली के इंतज़ामकारों ने पुलिस में डकैती का मामला दर्ज कराया। उनके मुताबिक़, हवेली के साज़ो-सामान के साथ-साथ, बेगमात के सारे क़ीमती ज़ेवरात और ज़मीन-जायदाद के काग़ज़ात भी चोरी चले गए। हवेली के उस हिस्से को ख़ास तौर से निशाना बनाया गया, जहां पोशीदा तौर पर बैंक खोला गया था और बस्ती की बेसहारा बेगमात का क़ीमती असासा रखा गया था।

डकैती की ख़बर ने पूरी बस्ती में कुहराम मचा दिया।

जो लोग बस्ती में बैंक खुलने के वाक़ए से बेख़बर थे, उन्हें इस मामले में हवेली के कुछ फ़ितनासाज़ अफ़राद की साज़िश नज़र आई।

चोरी कुछ इस अंदाज़ से अंजाम दी गई थी कि पुलिस के हाथ कोई सुराग़ नहीं लगा।

बस्ती की बीबियां मातम पर उतर आईं।

उनका सारा ख़ानदानी असासा लुट गया था। हवेली के रोज़मर्रे के ख़र्च के लिए भी उनके पास पैसे नहीं थे। उनकी ज़िंदगी पूरी तरह वीरान हो गई। वो यक़ीन के साथ यह भी नहीं कह सकती थीं कि उनके साथ

फ़रेब हुआ है, उन्हें एक सोची-समझी स्कीम के तहत लूटा गया है। ज़मीन-जायदाद, यहां तक कि हवेली पर उनके मौरूसी दावे की गवाही देने वाले काग़ज़ात भी उनके हाथ में नहीं थे।

बीबियां अफ़लास के समुंदर में डूबने को मजबूर थीं।

आने वाले कुछ महीनों में ही बस्ती की ये लुटी-पिटी बीबियां मौत की गुमनाम वादियों के सफ़र पर निकल पड़ीं। उनकी हवेलियों के सेहन मज़ारों में तब्दील हो गए। उनके वारिस अपना ज़ेहनी तवाज़ुन खो बैठे।

उनकी हवेलियां बे-चिराग़ हो गईं। दरो-दीवार से वहशत टपकने लगी।

एक नवाब साहब की हवेली थी, जहां सरेशाम चिराग़ अब भी पहले की तरह जलते रहे। ख़ुद नवाब साहब की टोली अपनी कामयाब हिकमते-अमली पर नाज़ करती नज़र आई।

बस्ती वाले बताते हैं, ज़्यादा अर्सा नहीं गुज़रा कि बीबियों की हवेलियों की क़ीमत लगना शुरू हो गई। काग़ज़ात, जो चोरी चले गए थे, ख़ुदा मालूम कहां से ऊपर हो गए। फ़र्ज़ी वारिस खड़े हो गए और हवेलियां नए मालिकों की तहवील में चली गईं।

एक क़यामत थी, जो बस्ती के दरो-दीवार पर आकर ठहर गई थी!

नई हवा का झोंका

कहने को बात बहुत छोटी और गैर-अहम थी, पर पूरी बस्ती के लिए एक चुनौती बन गई।

हुसेन मंज़िल के नए दामाद ने अपनी एक हरकत से पूरी बस्ती का सुकून छीन लिया था। बरसहा-बरस से चली आ रही बस्ती की रिवायतों को अपना ख़ानदानी असर खो देने का ख़तरा पैदा हो गया था। बस्ती वाले हैरान थे, आख़िर करें तो क्या!

हुसेन मंज़िल वालों को कुछ कहते नहीं बन रहा था। इस बात का भी अंदेशा था कि छोटे शाह साहब दामाद की तरफ़दारी में ही खड़े नज़र आएंगे।

शाह साहब के बेटे को अफ़सोस था कि काश्तकारी का हिसाब-किताब करने के इरादे से टाल की कचहरी जाते वक़्त उन्होंने हुसेन मंज़िल के इस नए दामाद को अपने साथ क्यों ले लिया।

दामाद ने खुद ही टाल में जाने की ख़ाहिश ज़ाहिर की हो, ऐसा भी नहीं है। बस किसी ने दबी ज़बान से कह दिया, इन्हें भी टाल दिखा लाओ, और वो झटपट तैयार हो गए।

बस्ती के ऊबड़-खाबड़, पथरीले रास्तों से होकर शाह साहब के बेटे की सवारी टाल की कचहरी पहुंची तो वहां का मंज़र देखने लायक़ था।

कचहरी के कुशादा सेहन में टाल मज़दूर हाथ बांधे दो सफ़ में खड़े थे।

औरतें-बच्चे भी उनके साथ थे।

छोटे शाह साहब बरामदे में रखी कुर्सी पर बैठकर अपने मैनेजर से टाल की काश्त और पैदावार के बारे में दरियाफ़्त करने लगे। मैनेजर ने तफ़सील बताई और शिकायत के अंदाज़ में इलाक़े के कुछ बटाईदारों की लापरवाही का ज़िक्र किया। यह भी कहा कि इन बटाईदारों के निकम्मेपन और सुस्त-रवी के सबब इस साल पैदावार में ख़ासी कमी हो गई है। नतीजे के तौर पर अपना हिस्सा भी मुतास्सिर हुआ है।

छोटे शाह साहब ने हालात की तफ़सील जान कर मैनेजर से सवाल किया-

'आपकी नज़र में इन हालात से निबटने का रास्ता क्या है?'

'हमें बटाईदारों पर सख़्ती बरतनी होगी। दबाव देकर उनसे काम कराना होगा। या फिर उन्हें ज़िम्मेदारी से पूरी तरह अलग कर देना होगा।'

'सख़्ती! यानी क्या?' छोटे शाह ने पूछा।

'हमने उन्हें रहने को ज़मीन दे रखी है। तरह-तरह की सहूलियतें भी हम उन्हें देते रहते हैं। शादी-ब्याह, बीमारी-इलाज में भी हम उनका ख़्याल रखते हैं। ऐसे में इस तरह की नाफ़रमानी संगीन जुर्म है। बटाईदारी के पट्टे की मेआद पूरी होने में अभी काफ़ी वक़्त है। हमने फ़ौरी तौर पर कोई मुअस्सिर इक़दाम नहीं किया तो दूसरे इलाक़ों में भी यह बीमारी फैल जाने का ख़तरा है। हमें कुछ गांवों से अनाज की चोरी की ख़बरें भी मिली हैं। इलाक़े में, आहिस्ता-आहिस्ता, मज़दूरों की सरकशी का माहौल क़ायम हो रहा है। हमें इसे अपने लिए ख़तरे की घंटी समझना चाहिए।'

'तमहीद छोड़कर ठोस तजवीज़ पेश कीजिए।'

छोटे शह क़दरे नाराज़ हो रहे थे।

'पहले क़दम के तौर पर हमें उन्हें बास के लिए दी गई ज़मीन वापिस ले लेनी चाहिए। ज़रूरी हो तो उनके झोंपड़े गिरा देने से भी परहेज़ नहीं करना चाहिए।'

कचहरी के दालान में चल रही ये गुफ़्तगू सेहन में क़तारबंद खड़े मज़दूरों के कानों तक पहुंच रही थी। सबके दिल धड़कने लगे थे।

बटाईदारों को टाल के गांवों से अपने उजड़ने का ख़तरा महसूस होने लगा था।

तभी, कहते हैं, हुसेन मंज़िल के दामाद ने तेज़ आवाज़ में छोटे शाह साहब से कहा–

'आप ऐसा कैसे कर सकते हैं! इस तरह ग़रीबों का घर उजाड़ना ठीक नहीं। उनसे बात कीजिए। उनकी परेशानी क्या है, समझने की कोशिश कीजिए। उन्हें समझाने का जतन कीजिए। मैनेजर साहब की तजवीज़ आग में घी डालने के बराबर है। ये मसले का हल नहीं।'

दामाद के लहजे और तेवर ने छोटे शाह को चौंका दिया था। वो हैरत से उनका चेहरा देख रहे थे। वो सोचने लगे, इस तरह तो मज़दूरों के तेवर और भी तीखे हो जाएंगे। फिर उन्हें क़ाबू करना किसी के बस की बत नहीं होगी।

दामाद अपनी बात कहकर दालान से नीचे सेहन में मज़दूरों के बीच आ गए थे। जिन मज़दूरों ने उनकी बात सुन ली थी वो एहसानमंदी के अंदाज़ में उनकी तरफ़ देख रहे थे। आपस में, उनके बीच, दबी ज़बान से दामाद की पहचान को लेकर बातें भी चल रही थीं।

'आप के बारे में छोटे शाह साहब को कुछ परेशान करने वाली ख़बरें मिली हैं। कुछ अनाज की चोरी की शिकायत भी पहुंची है। इन बातों में किननी सच्चाई है?'

'सरकार, अनाज की कोठियां हमारे लिए मंदिर की तरह हैं। हम अपने ही मंदिर में डाका कैसे डाल सकते हैं। हमारे कुछ दुश्मनों ने सरकार को गुमराह किया है। हम लोग ग़रीब हैं ज़रूर, पर बेईमान नहीं। जहां तक अनाज की चोरी का इल्ज़ाम है, ये काम ख़ुद मैनेजर के अपने आदमियों ने किया है। आए दिन वो अनाज की बोरियां इधर-उधर करते रहते हैं। अब तक हम यह समझते रहे कि ये बोरियां बस्ती ले जाई जा रही हैं। हम बेक़सूर हैं, हमें उजड़ने से बचाइए, सरकार!'

छोटे शाह साहब की नाराज़गी कुछ तो दामाद की मदाख़लत ने कम कर दी थी, और कुछ मज़दूरों की मिन्नत-समाजत ने। वो दालान से उठकर अंदर के कमरे में आ गए, जहां मैनेजर ने उनके खाने का बंदोबस्त कर रखा था।

कचहरी का माहौल हल्का हो चला था।

सब के चेहरे का तनाव दूर हो गया था।

दामाद कमरे में तशरीफ़ लाए तो मैनेजर बाहर निकल कर दस्तरख़ान दुरुस्त कराने लगे।

'मैंने अपनी बात कहकर आपको नाराज़ और फ़िक्रमंद तो नहीं कर दिया! अगर ऐसा है, तो माफ़ी चाहता हूं।'

'ये तो आपकी तालिब-इल्मी का ज़माना है। आपके ख़्यालात कुछ नीम- सियासी लगते हैं। ये नए ज़माने की बातें आपने कहां से सीखीं?'

दामाद कुछ देर ख़ामोश रहे। सोचा, अपनी सियासी सरगरमियों के मुतल्लिक़ छोटे शाह से कुछ कहा तो हवेली में ख़लफ़िशार मच जाएगा। फिर तो ऐसी पाबंदियां लग जाएंगी कि घर-बाहर आना-जाना भी मुश्किल होगा।

लेकिन छोटे शाह के सवाल का जवाब तो देना ही था। इसलिए संभलकर बोले-

'मैंने किताबें पढ़ी हैं। मुल्क के हालात पर मेरी नज़र रहती है। दूसरे मुल्कों की तरह अपने यहां भी मज़दूर तब्क़ों में बेदारी आ रही है। अब हम उन पर ज़्यादा दबाव नहीं डाल सकते। भाईचारे के माहौल में ही उनसे मज़दूरी कराई जा सकती है। ज़ोर-ज़बरदस्ती के दिन नहीं रहे। फिर शाह साहब भी तो सारी ज़िंदगी इंसान-दोस्ती का दरस देते रहे। हम उनके वारिस होने का दावा करते हैं, हमें उनकी क़द्रों का तो ख़्याल रखना ही चाहिए।'

छोटे शाह पर दामाद की इन नसीहत-आमेज़ बातों का असर क्या हुआ, पता नहीं। लेकिन बातचीत के दौरान मैनेजर की त्योरियां ज़रूर चढ़ी रहीं। छोटे शाह के सामने चूं-चरां की हिम्मत तो नहीं थी, पर दिल ही दिल में दामाद की दख़लअंदाज़ी से वो बेहद मलूल थे।

दामाद ने अपनी बात वाज़ेह करते हुए मज़ीद कहा-

'गुज़श्ता दिनों मैं अपने गांव गया था। वहां, एक दिन, मैंने दिल हिला देने वाला मंज़र अपनी आंखों से देखा। छोटे सरकार का एक कारिंदा किसी मज़दूर की छोटी-सी ख़ता पर पेड़ से बांध कर उसकी पिटाई करवा रहा था। ख़ता सिर्फ़ इस क़दर थी कि उसने वक़्त पर रेहट चलाकर खेतों की सिंचाई का काम नहीं किया था। मज़दूर का पूरा बदन लहूलुहान हो रहा था। वो रहम की भीख मांग रहा था, लेकिन कारिंदा उसकी जान लेने पर अड़ा था।

इतने में, शोर-गुल सुनकर उसकी हामला बीवी वहां पहुंच गई। उसने हाथ जोड़कर मज़दूर को माफ़ कर देने की गुहार लगाई। कारिंदे के नहीं मानने पर वो पेड़ से बंधे अपने मर्द से लिपटकर रोने-चिल्लाने लगी।

कारिंदे का एक वार औरत के पेट पर पड़ गया। वो बेहोश होकर गिर पड़ी। चोट से उसका बच्चा पेट में ही मर गया। मैंने यह मंज़र अपनी आंखों से देखा। उस दिन, मैंने छोटे सरकार को उनके कारिंदे की करतूत बताई और सज़ा के तौर पर उसे काम से हटा देने की बात कही। पहले तो छोटे सरकार सोच में पड़ गए, लेकिन जब मैंने उन्हें मज़दूरों के उनके खेतों पर काम बंद कर देने का अंदेशा बताया तो वो कारिंदे को हटाने पर राज़ी हो गए। कारिंदे की छुट्टी हो गई, और मज़दूर को मुआवज़े के तौर पर अच्छी-ख़ासी रक़म दी गई।'

छोटे शाह पूरी संजीदगी से दामाद की बातें सुनते रहे। उनकी पेशानी पर उभर आई लकीरें हटने को तैयार नहीं थीं।

छोटे शाह साहब दामाद की बातों से बेहद मुतास्सिर नज़र आ रहे थे। लेकिन मैनेजर की भवें बस्ती पहुंचने पर भी तनी ही रहीं। वो हर दम इस फ़िराक़ में रहने लगे कि दामाद से अपनी हतक का बदला कैसे लें।

अल्लाह ने ख़ुद उन्हें इस बदले का मौक़ा नहीं दिया, पर, बरसों बाद, उनके बेटे ने दामाद की अंडरग्राउंड सियासी सरगरमियों के मुतल्लिक़ ख़ुफ़िया महकमे को कुछ ऐसी फ़र्ज़ी मालूमात फ़राहम कीं जिनसे घर भर का सुकून छिन गया। हालात इतने संगीन और बदतर हो गए कि दामाद को मुल्क-बदर होने की नौबत आ गई।

कुछ लम्हों की ना-इत्तेफ़ाक़ी ने हुसेन मंज़िल की बुनियाद हिला कर रख दी।

मैनेजर की आने वाली पीढ़ी ने जो तबाही मचाई, उसके असर से हुसेन मंज़िल कभी ख़ुद को आज़ाद नहीं कर पाई।

घोड़ों की टाप

टाल की रेतीली ज़मीन पर छोटे शाह के घोड़ों की टापों के गहरे निशान पड़ रहे थे। छोटे शाह का मैनेजर ख़ुद हमलावर टुकड़ी का सरदार था।

उसने हाथों में दोनाली बंदूक़ थाम रखी थी।

टोली के इरादे किसी सूरत नेक नहीं थे। वो पूरी बस्ती को जला कर राख कर देने के मंसूबे के साथ टाल की ज़मीन पर उतरे थे।

गुज़श्ता दिनों, छोटे शाह की अचानक मौत से मैनेजर के हौसलों में ज़बरदस्त उछाल आ गया था। वो ख़ुद को टाल की ज़मींदारी का असली वारिस मान बैठा था। उसके ग़ुरूर और तहक्कुमाना रौब का असर बस्ती के बाहर भी फैला हुआ था। टाल के गांवों में उसकी संगदिली को लेकर क़िस्से-कहानियों का दौर जारी था।

बस्ती में शायद ही किसी को आज मैनेजर की इस शातिराना मुहिम की भनक भी लगी हो। मैनेजर ने सारा मंसूबा पिछली रात छोटे शाह की शिकारगाह में बैठकर तैयार किया था।

दरअसल वो छोटे शाह की मौजूदगी में हवेली के दामाद के हाथों अपनी तौहीन का इंतक़ाम लेना चाहता था। काश्त के मामले में दामाद की मदाख़लत और मज़दूरों की हिमायत का वाक़या उसकी आंखों में घूमता रहता था। आज वो टाल की आबादी को उजाड़ कर हमेशा-हमेशा

के लिए अपने दिल की आग बुझाने का फ़ैसला करके इस मुहिम पर निकला था।

घोड़ों की टाप सुनकर टाल में दहशत छा गई थी। औरतें-बच्चे मिट्टी की दीवारों के पीछे जा छिपे थे। सिन-रसीदा लोगों ने शिवालय के सेहन में पनाह ले ली थी। गांव में किसी को हमलावरों से मोरचा लेने की हिम्मत कहां से आई!

पहले तो गांव वालों ने समझा, अनाज-लुटेरों का कोई गिरोह अनाज की कोठियों पर हमला करने आया है। नज़दीक आने पर जब उनकी नज़र छोटे शाह के मैनेजर पर पड़ी, उनके हवास जाते रहे।

पिछले दिनों का सारा वाक़या एकबारगी उनकी आंखों में घूम गया।

गांव में सूरज डूबने के आसार नज़र आ रहे थे।

माहीगीरों की एक बड़ी टोली कश्तियों से उतर कर गांव के टीले की तरफ़ बढ़ने को थी कि अचानक उन्हें गांव में गोलियां चलने की आवाज़ सुनाई दी।

माहीगीरों के क़दम थम गए। उनके दिल मौत के अंदेशों से भर गए।

तभी किसी छोटी कश्ती से एक नवजवान उतर कर माहीगीरों के पास आन पहुंचा। शाम के धुंधलके में उन्होंने कश्ती से उतरने वाले नवजवान को पहचानने की कोशिश की।

हुसेन मंज़िल के दामाद का चेहरा उनकी आंखों के सामने उभर आया।

चेहरा पहचानते ही माहीगीरों की आंखें चमक उठीं।

उनमें एक ने आगे बढ़कर कहा-

'शायद ये अनाज की कोठियां लूटने आए हैं। कोठियों की हिफ़ाज़त पर

लगे मुलाज़िम दो दिनों से ग़ायब हैं। हम पहले भी डरे हुए थे। जाते वक़्त हमें ख़बर भी नहीं दी, वरना हम खुद कोठियों की हिफ़ाज़त पर अपने लोगों को लगा देते।'

'ये हमलावर दस्ते आज अनाज की कोठियां लूटने नहीं आए। ये पूरे गांव को जलाकर राख करने आए हैं। अब इनका मुक़ाबला करने के सिवा कोई चारा नहीं। चारों तरफ़ गांव में फैल जाओ, और एक साथ हमलावरों को घेर लो। अंधेरे में ये अच्छी तरह देख नहीं पाएंगे, कौन किधर से आ रहा है। जिसके हाथ में जो हथियार या सामान हो, फ़ौरन लेकर टीले की तरफ़ बढ़ो। मैं भी तुम्हारे साथ आ रहा हूं।'

दामाद ने माहीगीरों को भरोसा दिलाया। उनमें हिम्मत पैदा हुई, और हौसला भी।

नदी के मुहाने, रेतीली ज़मीन पर, वो चारों तरफ़ फैल-से गए।

तब तक मैनेजर की हमलावर टोली शिवालय के सामने, गांव की कच्ची ज़मीन तक, पहुंच चुकी थी। कुछ कारिंदों के हाथों में लुकाठियां थीं।

उनके चेहरों पर नफ़रत की लकीरें तैर रही थीं।

शिवालय के सामने, फूस और मिट्टी से बनी झोंपड़ियों का लंबा सिलसिला था।

यहीं टाल के मज़दूरों की बड़ी जमाअत रहती थी।

मैनेजर का इशारा पाकर कारिंदे लुकाठी लिए झोंपड़ियों की तरफ़ बढ़े ही थे कि शिवालय की पुश्त से माहीगीरों का एक बड़ा झुंड नारे लगाता सामने आ गया। झुंड के हाथों में लाठियां थीं, और मछली के जाल थे। जाल उन्होंने तेज़ी से हवा में उछाल कर खींच लिया। मैनेजर

समेत उसके सभी कारिंदे ज़मीन पर आ रहे। राइफलें उनके हाथों से गिर गईं। माहीगीरों ने जाल कुछ इस तरह डाले थे कि सब के सब उसमें फंस गए। हाथ-पांव मारने पर शिकंजा और भी कसता जा रहा था।

उनकी राइफलें अब माहीगीरों के हाथों में थीं।

गांव वालों ने जाल में फंसे कारिंदों पर लाठियां चलानी शुरू कर दीं। कई तो बुरी तरह ज़ख़्मी हो गए। उन में ख़ुद छोटे शाह के मैनेजर भी थे। उनके हाथों में काफ़ी चोट आ गई थी।

हमलावरों को ज़ख़्मी हालत में ज़मीन पर गिरा देखकर किसी ने शिवालय की बत्तियां रौशन कर दीं।

मैनेजर ने कराहती आवाज़ के साथ महीगीरों की टोली पर नज़र दौड़ाई।

सामने हुसेन मंज़िल के दामाद को देखकर उनपर वहशत तारी हो गई।

कहते हैं, इस वाक़ए के बाद छोटे शाह साहब के मैनेजर ने कभी टाल का रुख़ नहीं किया। मज़दूरों को अपने ज़ुल्मो-सितम का निशाना बनाने की उनकी सारी हिम्मत जवाब दे चुकी थी।

किसी पस्त-क़ूवत पहलवान की तरह उन्होंने हवेली के आगे घुटने टेक दिए थे।

लेकिन हुसेन मंज़िल के दामाद के तईं उनकी अदावत ख़त्म होने को नहीं आई। लंबी बीमारी के बाद, जब आख़िरी घड़ी आई, तो मैनेजर अपने बेटों को दामाद से इंतक़ाम लेने की नसीहत करता गया।

दामाद बस्ती की रेशादवानियों से बेख़बर नहीं थे। किसी क़दर मुहतात भी रहने लगे थे।

इधर, बस्ती के कुछ फ़ितना-पसंद अफ़राद बराबर उनकी टोह में रहने लगे।

किसी सूरत वो बस्ती में दामाद के बढ़ते असर पर रोक लगाना चाहते थे।

दामाद की सियासी सरगरमियां शबाब पर थीं। जिस तंज़ीम से उनके गहरे रिश्ते थे, हुकूमत ने उस पर पाबंदी लगा दी थी। कई सरगर्म रहनुमाओं को गिरफ़्तार कर लिया गया था। कई और नवजवानों की तलाश जारी थी।

ज़ाहिर है, पुलिस रिकार्ड में हुसेन मंज़िल के दामाद का नाम सरे-फेहरिस्त था।

कहते हैं, यूनिवर्सिटी इम्तिहान के चंद रोज़ क़बल बस्ती के ही कुछ फ़ितना-सिफ़त अनासिर ने दामाद की पोशीदा सियासी नक़्लो-हरकत की पूरी तफ़सील सरकार को लिख भेजी।

जगह-जगह, उनकी गिरफ़्तारी के लिए छापे मारे गए।

घर पर उन्हें हाज़िर करने की दबिश बनाई गई।

नतीजे के तौर पर, दामाद को इम्तिहान छोड़ कर राहे-फ़रार इख़्तियार करना पड़ी।

यह राहे-फ़रार आगे चलकर तर्के-वतन की सूरत में ज़ाहिर हुई।

छोटे शाह के नज़दीकियों को तमाम हालात का इल्म था। वो मैनेजर की बेजा हरकतों से भी वाक़िफ़ थे। पर हुसेन मंज़िल की दीवारों पर उनकी गिरफ़्त कमज़ोर हो चली थी। बेगमात बस्ती के शर-पसंद अनासिर के हाथों बेबस हो गई थीं।

बस्ती में इंतिशार के साये गहराने लगे थे। आए दिन ज़मीन–जायदाद पर ज़ालिमाना क़ब्ज़ों की वारदात होने लगी थीं।

क़ानून और आईनी हक़ूक़ के सारे ज़ाब्ते किताबों में क़ैद होकर रह गए थे।

बस्ती आवारा रूहों का मस्कन बन गई थी।

लेकिन टाल के मज़दूर तब भी अपने इस मोहसिन को नहीं भूले।

वो ख़तरों से तसादुम की उनकी आदत को भरे दिल से याद करते रहे।

हुसेन मंज़िल

हुसेन मंज़िल की शिकस्ता दीवारों पर मौत के साये मंडला रहे हैं। एक-एक कर ख़ानदान की सात बेटियां जन्नत-नशीन हो गईं। अब उनके दरो-दीवार इंसानी चेहरों से नाआश्ना हो गए हैं।

एक नहीफ़ और सितमज़दा शख़्स शाम गए लालटेन जलाकर इस हवेली के दालान और सेहन में धीमी रौशनी ज़रूर कर देता है, लेकिन वो भी किसी आने वाले की दस्तक सुनाई देने पर।

कोई यक़ीन के साथ नहीं कह सकता कि आने वाले के वापिस लौट जाने पर भी यह लालटेन जलती ही रहेगी। वैसे अब यहां आकर दस्तक देने वाले भी कितने रह गए!

बस्ती की इसी आलीशान हवेली में कभी एक अरबी नस्ल की ख़ातून ब्याह कर लाई गई थीं।

वो ज़माना इस हवेली के उरूज का था। जब इसकी दीवारों से ज़िंदगी की रमक़ फूटती थी, और इसके मकीन अपनी तहज़ीब और शाइस्तगी के लिए इलाक़े भर में एहतेराम के साथ याद किए जाते थे।

इसी मंज़िल की शगुफ़्ताहाली के दौर में एक बार नवाब साहब ने इराक़, इरान और सऊदी अरब के सफ़र का क़सद किया। उनका

इरादा दरअसल इन मुक़ामात में तमाम ज़ेयारतगाहों की क़दमबोसी करना था।

कहते हैं, वो कर्बला में थे कि उनके दिल में अरबी नस्ल की एक ख़ातून से अक़्द करने का ख़्याल पैदा हुआ। जिन लोगों ने ज़ेयारत के लिए मुक़ामी सतह पर नवाब साहब की तमाम ज़िम्मेदारी संभाल रखी थी, उनके सामने नवाब ने अपना इरादा ज़ाहिर किया।

पहले तो मुक़ामी इंतज़ामकार हैरत में कुछ इस तरह मुब्तला हुए कि उनकी समझ पर तारीकी का पर्दा पड़ गया।

वो नवाब की हैसियत और उनकी शान-व-शौकत से अच्छी तरह वाक़िफ़ थे। बल्कि यह कहना ज़्यादा सही होगा कि उनकी रौबदार शख़्सियत से मरऊब भी थे।

लेकिन अपनी नस्ल की लड़की किसी हिंदुस्तानी को ब्याहने का मामला कुछ ज़्यादा ही दिक़्क़त-तलब था।

इंतज़ामकारों के घरों में भी इस तजवीज़ को लेकर संजीदा बहस का दौर जारी था कि उनमें एक ने जानना चाहा कि नवाब के साथ जो ख़ूबरू नवजवान है, वो रिश्ते में उनका कौन है!

नवाब के साथ इस सवाल पर बातचीत का मौक़ा उन्हें नहीं मिला था। लड़के के मुतल्लिक़ दरियाफ़्त करने की दरअसल उन्हें कोई ज़रूरत ही पेश नहीं आई थी।

अब जबकि सवाल उठ ही गया था, नवाब से इस बाबत पूछना ज़रूरी था।

नवाब इस सवाल के लिए तैयार नहीं थे। सवाल सुनते ही उनके चेहरे का रंग बदला। उन्हें अक़्द की अपनी तजवीज़ ख़तरे में पड़ती नज़र

आई। कुछ लम्हे तक तज़ब्जुब में रहने के बाद वो बोले-

'वो... अच्छा वो... मेरा भाई है।'

पास में खड़ा बेटा नवाब का जवाब सुनकर दंग रह गया। हद्दे आदाब ने इजाज़त नहीं दी कि वो बाप की दरोग़-गोई पर एतराज़ करे। सर झुकाए, ख़ामोशी से, नवाब और मेज़बानों के बीच होने वाली गुफ़्तगू सुनता रहा।

नवाब ने खुद को ग़ैर शादीशुदा बताने और अपने मेज़बानों को एतमाद में लेने की हर मुमकिन कोशिश की। वो इस कोशिश में पूरी तरह कामयाब रहे।

बात तकमील को पहुंची और दो-चार दिनों में नवाब के अक्द की रस्म अंजाम पा गई।

लंबे सफ़र के बाद नवाब अपनी कर्बलाई बेगम के साथ बस्ती लौट आए। बेगम सिर्फ़ अरबी-फ़ारसी बोल सकती थीं। कोई और ज़बान उनकी समझ से बाहर थी। घर के लोगों, यहां तक कि शौहर से भी इशारों में ही बातें करती थीं।

बस्ती आने पर इन्हें सारी हकीक़त मालूम हुई। नवाब को पहले से ही दो बीवियां थीं। बच्चे भी थे।

कहते हैं, नवाब ने अक्द के वक़्त बेगम से अहद किया था कि उन्हें हर साल-दो साल पर उनके वतन, कर्बला की ज़ेयारत को ले जाएंगे, जहां वो अपने ख़ानदान वालों से मिल सकेंगी।

नवाब का यह अहद भी उनकी दरोग़-गोई की अलामत बन गया। अपनी पूरी ज़िंदगी बेगम ने बस्ती में ही गुज़ार दी। नवाब को अंदेशा

था कि बेगम कर्बला गईं तो वो कहीं के नहीं रहेंगे।

आहिस्ता-आहिस्ता, बेगम बस्ती की तहज़ीब में रच-बस गईं। इब्तिदाई दुश्वारियों का दौर तमाम हुआ तो उन्होंने बस्ती की लड़कियों को दीनी तालीम और ज़बानदानी का दरस देने में ख़ुद को मसरूफ़ कर दिया।

ज़्यादा वक़्त नहीं गुज़रा कि पूरी बस्ती उनके इल्म और ज़बानदानी की मोतरिफ़ हो गई।

बेगम ने बस्ती की अज़ादारी की तारीख़ में एक नए बाब की बुनियाद रखी। मुहर्रम की अज़ादारी के अलावा उन्होंने सात सफ़र को जनाब अली असग़र का झूला निकालने की शुरूआत की।

कहते हैं, बेगम अरबी ज़बान में नौहा पढ़ती थीं, बस्ती की तमाम औरतें, जो अरबी ज़बान से क़तई वाक़िफ़ नहीं थीं, उनके नौहों पर ज़ार-क़तार रोतीं और ख़ून के आंसू बहातीं।

वो ज़माना बस्ती के तमाम लोगों को अब भी अच्छी तरह याद है। हवेली में मुनअक़िद मजलिसों के बाद बेगम के हाथों तैयार किया गया तबर्रुक भी उनके लिए ख़ास अहमियत रखता था। अज़ादार उन्हें कर्बला का तबर्रुक मानकर हफ़्तों-महीनों महफ़ूज़ रखते।

बेगम ने अपने अख़लाक़ से बस्ती भर का दिल जीत लिया था। दो ज़बानों का दरम्यानी फ़ासला उनके लिए कोई रुकावट नहीं बना।

बेगम को बस्ती ने सिर्फ़ मसबत तजुर्बे दिए हों, ऐसा नहीं है। उन्हें हवेली की चहारदीवारी में कुछ तल्ख़ आज़माइशों से भी गुज़रना पड़ा। बस्ती की ही कुछ फ़ितनागर अशराफ़ज़ादियों ने उन्हें ईज़ा पहुंचाने के तमाम जतन किए। एक-दो बार तो उन्हें मौत के मुंह में

डालने की भी साज़िश रची गई। लेकिन ख़ाकेशफ़ा उनके काम आई, और फ़ितनासाज़ रू-स्याह हुए।

फिर भी, बेगम को दो बातों की टीस ताउम्र सताती रही। एक यह कि नवाब ने उन्हें फ़रेब देकर शादी रचाई। दूसरी यह कि उन्हें दोबारा कर्बला ले जाने का अहद नहीं निभाया।

कहते हैं, बेगम की दो बेटियों में से एक, शाह साहब की पहल पर, छोटे सरकार के बड़े बेटे से ब्याही गईं। आगे चलकर, रिश्ते की यह डोर और भी मज़बूत हुई।

इसी हवेली के दरो-दीवार आज अपनी कसमपुर्सी पर नौहा-कुनां हैं। न सिर्फ़ उसकी राहदारी, उसके सेहन, बरामदे, बल्कि अज़ाख़ाने - ज़रीख़ाने तक दिन रहते ग़ुरूबे आफ़ताब की गवाही देते हैं।

कुछ वक़्त इस हवेली की फ़िज़ा में गुज़ारने वालों की आंखें ख़ुद-ब-ख़ुद नम हो जाती हैं, और उनका वजूद ग़म की तारीकियों में डूब जाता है।

हुसेन मंज़िल के बालाई हिस्से तक पहुंचने वाली ख़ूबसूरत सीढ़ियां आज मौजूद नहीं हैं। छत का बेशतर हिस्सा मुनहदिम हो चुका है। दरवाज़े-खिड़कियों की लकड़ी और पुरानी शहतीरें बस्ती के नव-दौलतमंदों के घरों को इस्तहकाम दे रही हैं।

लेकिन हवेली में दाख़िल होते ही दाहिने हाथ जो क़दीमी कुआं था, वो अब भी प्यासों की तस्कीन का वाहिद ज़रिया है।

कहते हैं, बेगम के वारिसों में एक ख़ातून हर साल सात सफ़र को जनाब असग़र का झूला निकालने हुसेन मंज़िल आती हैं। झूला अब भी उसी शान से सजता है। नौहे पढ़े जाते हैं, मातमी दस्ते कर्बला के दिल-खराश मंज़र पेश करते हैं।

बस्ती वाले बताते हैं, हर साल, जब यह तारीख़ आती है, उनके कानों में बेगम के मातमी नौहों की दिल हिला देने वाली आवाज़ें गूंजती हैं। इन नौहों में वाक़ए कर्बला का कर्ब तो होता ही है, साथ में अपने वतन कर्बला की ख़ाक से बेगम के हमेशा - हमेशा के लिए दूर हो जाने का ग़म भी झलकता है।

हुसेन मंज़िल आज शिकस्ता आरज़ुओं का एक खंडहर है।

इससे ज़्यादा कुछ नहीं।

इसके दरो-दीवार तारीक हैं, राहदारियां बे-चिराग़, और फ़िज़ा बेरूह!

हुसेन मंज़िल की पुरशगाफ़ दीवारें लेकिन आज भी मुंतज़िर हैं।

कोई तो आब्ला-पा इस वादिए अलम में उतरने का ख़तरा उठाए!

ना-आसूदा रूहें

वो जाड़े की एक सर्द रात थी। हवेली की निगरानी पर मामूर मुलाज़िम के सिवा उस वक्त वहां कोई और मौजूद नहीं था। सारे के सारे बंदे सरे शाम हवेली के तमाम दरवाज़ों में कुफ़ल डालकर बस्ती से बाहर चले गए थे।

हवेली के अंदरूनी हिस्से की कुंजी ज़रूर उन्होंने मुलाज़िम के ज़िम्मे लगा दी थी। इस ताकीद के साथ कि किसी भी सूरते हाल में वो हवेली के कुएं वाले सेहन के हिस्से के क़रीब नहीं जाएगा।

खाना खाकर अपनी चारपाई पर लेटा ही था मुलाज़िम कि उसे हवेली के अंदरूनी हिस्से से किसी के रोने-चिल्लाने की तेज़-तेज़ आवाज़ सुनाई देने लगी। कोई आवाज़ थी कि 'मुझे बचाओ, मुझे बचाओ' की दिलख़राश चीख़ बनकर उभर रही थी।

मुलाज़िम हैरत में डूबा था।

हवेली तो बिल्कुल ख़ाली है, सब के सब कुंजी उसे सौंपकर बस्ती से बाहर चले गए हैं।

फिर ये आवाज़ किसकी है, और किधर से आ रही है!

ग़ौर करने पर उसे महसूस हुआ कि हो न हो ये आवाज़ कुएं वाले

सेहन की तरफ़ से आ रही है।

उसने सोचा, दरवाज़ा खोलकर अंदर जाए और मामले की तहकीक़ कर ले।

पर अचानक उसे नवाब साहब की हिदायत याद आई। बेहद सख़्त आवाज़ में उन्होंने उसे किसी भी सूरते हाल में हवेली के कुएं वाले सेहन के हिस्से में जाने से मना किया था।

चीख़ने-चिल्लाने की आवाज़ तेज़तर होती जा रही थी।

आवाज़ इतनी दर्दनाक थी कि मुलाज़िम का दिल पसीज गया।

उसने नवाब की हिदायत पर पर्दा डाल दिया और दरवाज़ा खोलकर हवेली के उस हिस्से की तरफ़ बढ़ गया, जिधर से रोने-चीख़ने की दर्दनाक आवाज़ें आ रही थीं।

अचानक उसे सुनाई पड़ा-

'मैं इधर हूं, कुएं के पास, सेहन में, पुराने पेड़ के पास। हवेली वालों ने मुझे देग के खौलते पानी में डाल कर ढक्कन चढ़ा दिया है। मैं खौलते पानी में उबल रहा हूं। देग के नीचे, लकड़ी के कुंदों में आग जल रही है। मुझे बचाओ, मैं तुम्हारा एहसान ज़िंदगी भर याद रखूंगा। देर नहीं करो ... देग का ढक्कन उठाकर मुझे बाहर निकालो।'

'लेकिन तुम हो कौन? इस देग के अंदर तुम गए कैसे? किसने तुम्हें इस देग के खौलते पानी में डाला?'

'वो सब मैं तुम्हें बाहर आकर ही बता सकूंगा। पहले मुझे यहां से आज़ाद करो, इससे पहले कि सब कुछ ख़त्म हो जाए।'

मुलाज़िम अपने ज़मीर के दबाव में आ गया था।

नवाब की हिदायत उसके लिए बेमानी हो गई थी।

उसने देग के ढक्कन पर रखी इंटें हटाईं, और लकड़ी की मदद से आग में तप रहे ढक्कन को एक तरफ़ गिरा दिया।

मुलाज़िम ने देखा, देग का पानी गहरे उबाल पर था।

मुलाज़िम को कुछ दिखाई तो नहीं दिया लेकिन चीख़ने-चिल्लाने की आवाज़ आना बंद हो गई। सिर्फ़ इतना महसूस हुआ कि कोई शख़्स निढाल कैफ़ियत में तेज़-तेज़ सांसें ले रहा है।

'तुम देग के बाहर आ गए ना! अब बताओ तुम कौन हो, और किसने तुम्हें इस खौलते पानी में डाल दिया था।'

'तुमने हमारी जान बचाई है। हम तुम्हारे एहसानमंद हैं। हम तुम्हारी तमाम ज़रूरतें पूरी करेंगे। तुम्हें किसी तरह की तकलीफ़ नहीं होने देंगे ...।'

'लेकिन तुम्हें देग में किसने बंद कर दिया था? हवेली वालों से तुम्हारी क्या दुश्मनी है। वो तुम्हें क्यों जला कर मारने पर आमादा हो गए हैं।'

'ये क़िस्सा बहुत पुराना है। कभी तफ़सील से बताएंगे। नवाब ने एक आमिल की मदद से हमें पानी भरे देग में क़ैद कर लिया था। फिर देग के नीचे तेज़ आग रौशन कर दी थी। अब तुम इसका नतीजा देखना। सात पुश्तों तक इस कुनबे का कोई न कोई फ़र्द हमेशा ज़ेहनी इंतेशार से मुब्तला रहेगा। अमल करने वाला मौलवी तो अब बस कुछ मिनटों का ही मेहमान है। अब तुम हवेली का दरवाज़ा बंद करके यहां से चले जाओ। किसी को बताने की ज़रूरत नहीं कि तुमने देग का ढक्कन उठाकर मेरी जान बचाई।'

'क्या मैं तुम्हें देख नहीं सकता?'

तभी सेहन के तारीक हिस्से में रौशनी की एक लकीर नमूदार हुई और सफ़ेद कपड़ों में मलबूस एक दराज़-क़द जिस्म खड़ा दिखाई दिया। खौलते पानी ने उसके बदन पर ज़ख़्मों के अनगिनत निशान बना दिए थे।

मुलाज़िम यह मंज़र देखकर अपने हवास खो बैठा।

क्या पता, वो कब तक जाड़े की उस सर्द रात कुएं के पास वाले सेहन में जलती आग के करीब पड़ा रहा।

हवेली के शिकस्ता दरो-दीवार गवाही देते हैं कि यह वाक़या महज़ एक छोटी मिसाल है। हवेली की सैकड़ों बरस की तारीख़ में ऐसे हादसे अक्सर हुआ किए हैं।

कहते हैं, बस्ती में, पहाड़ की चोटियों पर, ग़ैर-इंसानी रूहें आबाद हैं। हवेली की फ़िज़ा में आज भी उनकी मौजूदगी के असरात शिद्दत से महसूस किए जा सकते हैं। अक्सर लोग इन असरात को मोजज़े की सूरत में भी पेश करते हैं। वो मजलिसों से लेकर मातमी दस्तों तक इन रूहों की ख़ामोश शिरकत का दावा करते हैं।

हमसाया बस्ती में, ख़ुद शाह साहब की हवेली भी इन असरात से ख़ाली नहीं रही। कहते हैं, शाह साहब के पुरखों को इन ग़ैर इंसानी रूहों से ख़ासा रब्त-ज़ब्त था। अक्सर हवेली के उनके ताल्लुक़दारों ने रात के वक़्त उन्हें हवेली की छत पर एक अजनबी शख़्स के साथ, हाथ में हाथ दिए, टहलते देखा। पूछने पर हमेशा उन्हें इस बाबत कोई सवाल नहीं पूछने और ख़ामोशी इख़्तियार करने की सलाह दी गई।

लेकिन यह भी सच है कि कभी उनके हवेली या बस्ती से बाहर चले

जाने पर हवेली में अजब तरह के परेशानकुन आसार पैदा हो जाते। कभी हवेली के सेहन में पत्थर-ढेले गिरते, कभी पुरअसरार आवाज़ें सुनने को मिलतीं।

रमज़ान के महीने में ये हरकतें कुछ और भी संगीन सूरत इख़्तियार कर लेतीं। शब के वक़्त रोज़ादारों की सहरी ताक़ पर या अल्मारियों में रखी जाती, और रोज़ादार गहरी नींद में होते। सहरी से थोड़ा क़बल जब उनकी नींद खुलती तो तमाम खानों के बरतन अपने-अपने सर के नीचे तकियों की जगह पाते।

हर रोज़ इसी नेहज के वाक़यात पेश आते और रोज़ेदार अपने सर खुजाकर रह जाते। वो बेचैनी से बड़े शाह साहब की वापसी का इंतज़ार करते।

कहते हैं, बड़े शाह साहब के इंतक़ाल के बाद हवेली में जो हालात पैदा हुए उसने तो हर शख़्स को बदहवास ही कर दिया। बारी-बारी हवेली के तमाम हिस्सों में ईंट-पत्थर के टुकड़े गिरना शुरू हुए। दिन के वक़्त हवेली के अंदर भी अजीब-अजीब चेहरे दिखाई देने लगे।

सूरते हाल कुछ यों बनी कि लोग हवेली छोड़ने पर मजबूर हो गए।

हवेली से पूरब, एक दूसरे मकान में उन्हें, महाजिरों की तरह, साल भर से ज़्यादा वक़्त गुज़ारना पड़ा। तब कहीं जाकर हालात मामूल पर आए, और हवेली दोबारा आबाद हो सकी।

बस्ती की मस्जिदों और इमाम बारगाहों में भी अक्सर चौंकाने वाले वाक़यात होते रहे हैं। बस्ती वाले ख़ास तौर से दो वाक़यात की याद दिलाते हैं। एक वो जब एक क़दीमी अज़ाख़ाने में हवेली की मालकिन, एक ज़ईफ़ा की बेचैन आवाज़ पर अज़ाख़ाने की तमाम मोमबत्तियां आप

से आप रौशन हो गई थीं, और सभी रौशनदानों से रौशनी की तेज़ किरणें निकलने लगी थीं।

दूसरा वाक़या किसी और अज़ाख़ाने से मंसूब है। यहां औरतों की मजलिस के बाद कुछ अजीब अंदाज़ से रोटी और साग के तबर्रुक की तक़सीम हुई थी।

बरसों बरस यह वाक़या एक मुअम्मा बनकर बस्ती वालों के बीच संजीदा गुफ़्तगू का मौज़ू रहा।

कुछ लोग इन वाक़यात को हवेली में क़याम-पज़ीर रूहों की पेशरफ़्त मानते, तो कुछ इमाम का मोजज़ा मानकर इनकी याद में इक़ीदत से अपने सर झुकाते।

ऐसे ही कई और वाक़यात बस्ती वालों के ज़ेहन में आज भी महफ़ूज़ हैं।

बस्ती इन असरात से कभी आज़ाद हुई हो, यक़ीन के साथ नहीं कहा जा सकता।

कौन जाने, क़ैदोबंद में मुब्तला रूहें आज भी बस्ती की उदास और ग़ैर-आबाद गलियों में यूं ही भटकती रहती हों!

पेड़ के तने

चार तरफ़ बुलंद, ख़ूबसूरत पहाड़ों से घिरा यह गांव क़दरे गैर-आबाद था।

शाह साहब ने अपनी नई रिहाइश के लिए इसी ग़ैर-आबाद गांव का इंतेख़ाब किया।

साल भर की तगो-दौ के बाद झाड़-जंगल से भरा यह ख़ारदार इलाक़ा रिहाइश के लिए हमवार किया जा सका।

गांव से मुतस्सिल डीह पर शाह साहब ने अपनी आबाई बस्ती से लाए सौ-पचास मज़दूरों को बसने की ज़मीन दी। वो अपनी औरतों-बच्चों समेत यहां रहते और शाह साहब के खेतों और वसीअ बाग़ पर काम करते। फ़सलों और फलों की निगहबानी का काम भी उन्हीं के ज़िम्मे रहा

शाह साहब ने गांव के एक किनारे अपने लिए एक कुशादा मकान की तामीर कराई! सामने एक गहरे, बड़े कुएं की तामीर का काम पहले ही मुकम्मल हो चुका था! खेतों और बाग़ की सिंचाई इसी कुएं से होती!

रिहाइशी हिस्से के क़रीब नीम का एक बड़ा, पुराना पेड़ था, जिसकी शाखें दूर-दूर तक फैली थीं। मकान की तामीर का काम शुरू करने से पहले शाह साहब ने अपने बेटों और तमाम कारिंदों को इस पुराने पेड़ की

शाखों को किसी तरह का नुक़सान नहीं पहुंचाने की सख़्त ताकीद कर रखी थी!

गांव में अपने क़याम के दौरान, वो अक्सर इस पेड़ के साये में देर-देर बैठकर किताबों की तस्नीफ़ करते, मुंतशिर काग़ज़ात पर दर्ज इबारतों को किताब की शक्ल में नक़्ल करते, उन पर ख़त्ताती के उम्दा नमूने उभारते, अपने क़लमी नुस्ख़ों की जिल्दसाज़ी करते।

बज़ाहिर वो तन्हा ये सारे काम अंजाम देते। नई रिहाइशगाह के इंतज़ामकारों को कभी-कभी इस बात पर ताज्जुब होता कि आख़िर शाह साहब को ज़रूरत की सारी चीज़ें आप से आप इस पेड़ के नीचे क्योंकर दस्तयाब हो जाती हैं!

काम करते वक़्त शाह साहब किसी ख़ादिम या कारिंदे को पेड़ के आसपास भी फटकने नहीं देते।

शाम होने को आती, तो अपने काग़ज़ात समेट कर वो रिहाइशी हिस्से में आ जाते।

ख़ादिमों को इस बात से हैरानी होती कि बज़ाहिर शाह साहब तन्हा पेड़ के साए में काम कर रहे होते, लेकिन चाय या दिन के खाने के वक़्त वो एक से ज़्यादा लोगों के लिए इंतज़ाम करते।

बरतन समेटते वक़्त ख़ादिमों को शाह साहब के अलावा किसी और की मौजूदगी का एहसास होता। पर वो किसी के सामने अपना तजुर्बा बयान करने से परहेज़ करते।

ज़ेयारत के तवील सफ़र पर रवाना होने से पहले उन्होंने बेटों और तमाम कारिंदों को दोबारा सख़्त हिदायत कर दी कि उनकी अदम-मौजूदगी में कोई भी पेड़ की तरफ़ रुख़ नहीं करे। यह भी ताकीद कर दी कि

पेड़ की शाख़ों को किसी तरह का नुक़सान नहीं हो। बल्कि उन्होंने यह भी इशारा किया कि मुमकिन है उनके सफ़र पर जाने के बाद पेड़ की हैयत में कोई तब्दीली नज़र आए! फिर भी कोई पेड़ की तरफ़ जाकर देखने की कोशिश नहीं करे।

शाह साहब ने निहायत मोअस्सिर अल्फ़ाज़ में ये हिदायतें अपने बेटों और गांव में काम कर रहे कारिंदों को दी थीं। उन्हें यक़ीन था, उनके बेटे या खेतों और बाग़ में काम करने वाले मज़दूर उनकी हिदायतों पर अमल करेंगे, और सफ़र से वापिस आने पर पेड़ उन्हें बिल्कुल उसी हाल में मिलेगा!

कहते हैं, शाह साहब के सफ़र पर जाने के हफ़्ता-दिन बाद तक हालात पहले जैसे रहे। लेकिन अचानक, एक रात, पेड़ से तेज़ रौशनी की बौछारें गिरने लगीं। रिहाइशगाह और कुएं के सामने आंगन का हिस्सा आप-से-आप रौशनी में नहा गया। रौशनी इतनी तेज़ थी कि उसकी शोआएं चारों तरफ़ फैले, ऊंचे पहाड़ों तक पहुंच गईं।

पूरा गांव हैरत में डूब गया।

दूसरे दिन, फिर वही वाक़या पेश आया। पेड़ से रौशनी की बारिश हुई, और शबनमी किरणें पूरे आंगन में फैल गईं।

तीसरे दिन भी जब यह सिलसिला जारी रहा तो शाह साहब के बेटों ने बस्ती के क़राबतदारों को अपनी परेशानी लिख भेजी। ख़बर पाते ही क़राबतदार गांव पहुंचे। पूरे वाक़ए को आसेबी मामला बताया और कहा कि रिहाइशी हिस्से में इस पुराने पेड़ का रहना किसी सूरत मुनासिब नहीं।

सबने एक ज़बान से फ़ौरी तौर पर इसे कटवा देने की राय ज़ाहिर की!

बेटों ने शाह साहब की हिदायत का हवाला देकर तजवीज़ को ख़ारिज

करने की कोशिश की। लेकिन क़राबतदार उनकी दलीलें सुनने को तैयार नहीं थे।

आख़िरकार, तय पाया कि शाह साहब के बेटे फ़िलहाल गांव की सारी ज़िम्मेदारी मुलाज़िमों को सौंप कर बस्ती लौट चलें।

क़राबतदार शाह साहब के बेटों को साथ लेकर बस्ती लौट आए।

लेकिन हालात पर नज़र रखने के लिए उनका एक ख़ास आदमी गांव में ही ठहर गया।

कहते हैं, उस रात पेड़ पर तारीकी छाई रही। उसकी शाखों से रौशनी की! किरणें नहीं बरसीं। रिहाइशगाह का आंगन अंधेरे में डूबा रहा, और पहाड़ों तक पहुंचने वाले तमाम रास्तों पर गहरा कुहासा छाया रहा।

गांव वाले तो हैरान थे ही, बस्ती से आया कारिंदा भी इस तब्दीली पर हैरत-ज़दा था। हर किसी को यक़ीन था कि, और दिनों की तरह, उस रोज़ भी रौशनी का आबशार चमकेगा, और पहाड़ों की चोटियां मुनव्वर होंगी।

बस्ती के कारिंदे ने दूसरी सुबह बस्ती वालों को सूरते हाल से आगाह किया। यह भी कहा कि मुमकिन है शाह साहब के बेटों और गांव वालों को वहम हो गया हो, और पेड़ के बारे में कही गई बातों में कोई सच्चाई नहीं हो।

दो-तीन दिन बाद, इसी यक़ीन के साथ, कारिंदा बस्ती लौट गया।

मामले की पूरी तरह तस्दीक़ कर लेने के बाद हवेली से शाह साहब के बेटों को गांव जाने की इजाज़त मिल गई।

बेटे गांव लौट आए तो उन्हें हालात के मामूल पर आने का इल्म हुआ। जिस अंदेशे ने उन्हें पिछले दिनों घेर लिया था, वो किसी तरह दूर

हुआ। उन्हें यह योचकर भी इत्मीनान हुआ कि उन्होंने शाह साहब की हिदायतों का ख़्याल रखा, और पेड़ को नुक़सान पहुंचाने की अपने क़राबतदारों की सलाह मानने से इनकार कर दिया।

कोई हफ़्ता दिन बाद पेड़ ने दोबारा अपनी रविश बदली। इस बार पेड़ की शाख़ों से रौशनी की बारिश नहीं हुई। पेड़ की जड़ में ज़बरदस्त लर्ज़ा पैदा हुआ। शाख़ें एक - दूसरे से टकराने लगीं। गांव के लोग रिहाइशगाह के आंगन में जमा होकर यह तूफ़ानी मंज़र देखने लगे। शाह साहब के बेटों पर ख़ौफ़ तारी हो गया। इंतज़ामकार उन्हें रिहाइशगाह में ले आए। गांव के दीगर लोगों को भी आंगन से हटने को कहा गया।

रात अंदेशों के दरम्यान गुज़री।

सवेरे, शाह साहब के बेटों ने बाहर आकर पेड़ की तरफ़ देखा तो उनकी हैरत की कोई इंतेहा नहीं थी।

पेड़ के चारों तरफ़ मुख़तलिफ़ क़िस्म के फलों का अंबार लगा था।

आहिस्ता-आहिस्ता, गांव के लोग आंगन में जमा हुए। उनमें से एक ने डरते-डरते पेड़ के पास जाकर एक फल उठाया। चखकर देखा तो हैरत से चिल्लाया- 'इतना मीठा...!'

शाह साहब के बेटों ने पूरे गांव में फल तक़सीम कर दिए। ख़ुद भी खाया। लेकिन एक फ़िक्र थी कि उन्हें निढाल किए जा रही थी। इस मुसीबत से निजात कैसे हो!

गांव के इस करिश्माई पेड़ को लेकर कई तरह की कहानियां देखते-देखते इलाके भर में मशहूर हो गईं। दूर-दूर से लोग पेड़ को देखने आने लगे।

पेड़ का तिलिस्म गहरा रहा था।

इस के साथ ही, बस्ती के बुजुर्ग भी ज़ेहनी हैजान में मुब्तला हो रहे थे। आख़िर वो शाह साहब की ग़ैर-मौजूदगी में उनके बेटों को आसेबी ख़लफ़िशार से कब तक बचाए रख सकते हैं!

शाह साहब की वापसी में अभी देर थी।

सफ़र को जाते-जाते वो बेटों को कह गए थे कि लौटने पर उनका इरादा सीधे गांव आने का है। सिर्फ़ ताल्लुक़दारों से मिलने एक-दो दिन के लिए बस्ती का रुख़ करेंगे।

बेटों की समझ में नहीं आ रहा था, शाह साहब तक गांव की तशवीशनाक ख़बर कैसे पहुंचाई जाए। वो कब कहां क़याम करेंगे, किसके मेहमान रहेंगे, किसी को मालूम नहीं था। कोई राह दिखाई नहीं दी, तो शाह साहब के बेटों ने फिर बस्ती के बुजुर्गों से राब्ता किया।

इस बार बस्ती के बुजुर्ग गांव आए तो उनके तेवर ग़ैर-मामूली तौर पर सख़्त थे। गांव आते ही उन्होंने दो टूक लफ़्ज़ों में बेटों को अपना फ़ैसला कह सुनाया -

'अब यह पेड़ यहां नहीं रहेगा। हम आज ही इसे जड़ से काट कर गिरा देंगे। तुम्हारी कोई बात हम नहीं सुनने वाले। पेड़ काटने के लिए हम लकड़हारे बस्ती से लेकर आए हैं।'

शाह साहब के बेटों को शाह साहब की ताकीद याद आ रही थी। मगर वो बेबस थे।

तजुर्बेकार लकड़हारों ने, आन की आन में, सैकड़ों बरस पुराने पेड़ की शाख़ें काट डालीं। फिर तने और जड़ पर वार किया।

पूरा गांव इस मंज़र को देखता रहा।

एक डरावना ख़ाब उनकी आंखों में आकर बैठ गया था।

पेड़ पूरी तरह कट गया तो उसके तने और शाखें मुक़ामी लकड़हारों के सुपुर्द कर दी गईं, ताकि उन्हें मुनासिब क़ीमत पर बेच दिया जाए।

बस्ती के बुज़ुर्गों ने ज़रूरी समझा कि पेड़ कटने के बाद शाह साहब के बेटों को गांव में नहीं रहने दिया जाए। वो उन्हें अपने साथ लेकर बस्ती की तरफ़ लौट चले।

बस्ती से थोड़े फ़ासले पर ही थे शाह साहब के बेटे कि एक हरकारे ने उन्हें शाह साहब की बेगम पर आसेबी हमले की ख़बर दी। हरकारे ने यह भी बताया कि बेगम को दिल का शदीद दौरा पड़ा है, और जिस्म का बायां हिस्सा फ़ालिज का शिकार हो गया है।

शाह साहब के बेटों की आंखों के आगे गहरी तारीकी छा गई।

आंखों के तारीक पर्दों पर उन्हें अपनी मां के लाचार जिस्म की जगह गांव के उस पुराने पेड़ के कटे हुए तने नज़र आ रहे थे!

ग्वालन का दर्रा

कहते हैं, किसी ज़माने में, यह बस्ती चार तरफ़ ख़ूबसूरत पहाड़ों और घने जंगलों से घिरी थी। यहां आमद-व-रफ़्त के रास्ते नहीं थे। पहाड़ों से आबशार की सूरत गिरने वाला पानी जंगलों के बीच अपना रास्ता ख़ुद बनाता था।

उन दिनों, बस्ती की आबादी नहीं के बराबर थी। पच्चीस-पचास की तादाद में, गाय-भैंस और बकरियां पालने वाले ही, अलग-अलग टोलों में, अपनी झोंपड़ियां बनाकर यहां रहते थे। रिश्ते-नाते में वो सब एक दूसरे से बेहद क़रीब थे। उनके बीच, उन दिनों, ज़मीन या खेतों को लेकर कोई अनबन या झगड़ा नहीं होता था। बस्ती की औरतें भी, काश्तकारी में, मर्दों की मददगार होती थीं।

कभी-कभी क्या, तक़रीबन रोज़ ही, जानवरों की ख़ुराक तलाश करने बस्ती के लोग ऊपर पहाड़ों की तरफ़ भी रुख़ करते थे। घंटों उनके मवेशी पहाड़ की चोटियों पर आज़ादी से चरते, और चरवाहे पोटलियों में रोटियां बांधे किन्हीं सायादार पेड़ों की छांव में आराम करते। उन में कुछ जलावन के लिए पेड़ों और झाड़ियों से लकड़ियां भी जमा करते।

शाम-शाम तक, वो इन्हीं कामों में मसरूफ़ रहते। धुंधलका फैलने से क़बल वो पहाड़ी रास्तों से बस्ती लौट आते। बस्ती की औरतें रात का खाना बनाने के लिए लकड़ियों के इंतज़ार में उनकी राह देखती होतीं।

बस्ती से थोड़ी दूर, एक दूसरे पहाड़ी टोले में भी तक़रीबन यही कुछ दस्तूर था। लेकिन औरतें वहां मटकों में दूध-दही लेकर पहाड़ उस तरफ़ भी जातीं। जहां उन्हें दूध-दही की मुनासिब क़ीमत मिल जाती।

कहते हैं, इन्हीं पहाड़ी रास्तों और जंगली पगडंडियों पर, एक दिन, एक घुड़सवार अपना रास्ता खोकर आ निकला था। दुश्मन फ़ौज से ख़तरनाक मुक़ाबले के दौरान, वो, किसी तरह, अपनी फ़ौज से ही अलग-थलग पड़ गया। रास्ता कुछ इस तरह भटका कि सभी साथी-संगी और ख़िदमतगार छूट गए।

वो तन्हा घने जंगलों से होकर इस पहाड़ी बस्ती की तरफ़ आन पड़ा।

तवील सफ़र और शदीद भूख-प्यास से बेहाल घुड़सवार पानी की तलाश में इधर - उधर भटकने लगा।

इसी बीच, उसे, पहाड़ के रास्ते, एक औरत सर पर मटका लिए नीचे उतरती नज़र आई। यक़ीनन वो पानी का मटका लिए किसी पहाड़ी चश्मे से नीचे आ रही है, घुड़सवार ने सोचा। लेकिन क्या वो उसे पीने को पानी देगी!

हालात कुछ ऐसे थे कि घुड़सवार उसे अपना नाम-पता भी नहीं बता सकता था।

मटकेवाली औरत पहाड़ी रास्ते से जंगली पगडंडी पर आई ही थी कि घुड़सवार उसके क़रीब जा पहुंचा।

'बहन, बहुत प्यासा हूं। थोड़ा पानी दोगी?'

'मेरे पास पानी नहीं ...।'

औरत ने घुड़सवार पर एक हल्की नज़र डालते हुए कहा।

‘तो इस मटके में क्या है? पानी नहीं है?’

‘इसमें दूध है, पास के टोले में बेचने जा रही हूं। चाहो तो थोड़ा दूध दे सकती हूं।’

सवार घोड़े से नीचे आ चुका था। उसने सर हिलाकर ‘हां’ का इशारा किया।

औरत ने मटका सर से उतारा, नाप का प्याला घुड़सवार को थमाकर दूध ले लेने को कहा।

घुड़सवार की शदीद प्यास किसी प्याले की ताब नहीं ला सकी।

उसने मटका मुंह से लगा लिया।

औरत, घुड़सवार के आगे खड़ी, उसे हैरत से देखती रही।

सवार ने मटका लौटाया, तो उसने झांक कर मटके के अंदर देखा।

मटका ख़ाली था। दूध की एक बूंद भी नहीं थी, उसमें।

‘सब पी गए ! अब मैं बेचूंगी क्या!’

‘मैं रास्ता भटक गया हूं। मेरे तमाम साथी छूट गए हैं। मेरे पास तुम्हें दूध की क़ीमत देने के पैसे भी नहीं।’

‘मैं थके-हारे मुसाफ़िरों-राहगीरों से दूध के पैसे नहीं लेती। तुम अपने रास्ते जा सकते हो।’

‘लेकिन तुम मुझे इस दूध के एवज़ अपनी कोई मांग बता सकती हो। कोई ख़ाहिश ज़ाहिर कर सकती हो।’ घुड़सवार बोला।

औरत ने ख़ाली मटका सर पर रखते हुए, हंसकर, घुड़सवार की तरफ़

देखा। उसने सोचा, अभी-अभी तो ये घुड़सवार प्यास से इस क़दर बेहाल हो रहा था। अब भला ये मेरी क्या मांग पूरी कर सकता है।

कहता है, इसके साथी-संगी इससे छूट गए हैं। रास्ता भटक गया है।

अब मैं इससे अपनी क्या ख़ाहिश कहूं!

'अपना रास्ता लो, जंगल से बाहर निकलो। तुम भला मेरी कौन-सी मांग पूरी कर सकोगे? पहले अपने गुम हुए साथियों को जंगली जानवरों का शिकार होने से बचा लो। यही काफ़ी है। मैं अब ख़ाली मटका लिए इस पहाड़ के उस तरफ़ अपने गांव जाती हूं।'

'नहीं, जाने से पहले, मुझ से जो मांगना चाहो मांग सकती हो, मैं वादा करता हूं। तुमने मेरी जान बचाई है। मैं ने इतना मीठा दूध ज़िंदगी-भर नहीं पिया।'

मटकेवाली औरत ने सोचा, ज़िद कर रहा है, तो मैं इसका घोड़ा ही क्यों न मांग लूं। फिर सोचा, घोड़ा मांग लूंगी, तो ये आगे कैसे जाएगा। ख़्याल आया, क्यों न घुड़सवार की कमर से बंधी तलवार मांग लूं। फिर ख़्याल आया, तलवार ले ली तो रास्ते पर ख़तरनाक जंगली जानवरों का सामना करने के लिए उसके पास क्या हथियार बचेगा? तो क्या मैं उसके सर पर बंधी कलग़ीदार पगड़ी मांग लूं? फिर सोचा, ये पगड़ी लेकर मैं करूंगी क्या! गांववाले भी पगड़ी देखकर तरह-तरह के सवाल करेंगे। मैं उन्हें क्या जवाब दूंगी!

बिजली की तरह, ये सभी ख़्याल उसके दिमाग़ में आए और चले गए।

उसने पहाड़ी रास्ते की तरफ़ कूच करते-करते, घूमकर, घुड़सवार की तरफ़ देखा, जो अब भी उसके जवाब का मुंतज़िर था।

'अच्छा, देखो,' मटकेवाली औरत हमदर्दी के जज़्बे के साथ बोली, 'इस पहाड़ के उस पार मेरा गांव है। वहां मैं ने माल-मवेशी पाल रखे हैं।

हर रोज़ मैं दूध-दही लेकर पहाड़ के रास्ते इधर आती हूं। अक्सर थक जाती हूं। पैरों में जंगली कांटे चुभ जाते हैं। सोचती हूं, कल होकर, उम्र बढ़ने पर, पहाड़ को पार करना मुश्किल होगा। ऐसा करो, मेरे आने-जाने के लिए, पहाड़ के बीच, एक दर्रा बनवा दो, ताकि मैं आसानी से आ-जा सकूं। अब जाओ, मुझे देर हो रही है।'

घुड़सवार पलक झपकाए बिना मटकेवाली औरत को देखता रहा, जो उसका जवाब सुने बग़ैर तेज़-तेज़ क़दमों से पहाड़ पर चढ़ती जा रही थी।

कहते हैं, इस वाक़ए के एक माह बाद, किसी हमलावर फ़ौज के घुड़सवार सिपाहियों और दीगर अमलों ने अचानक पूरे जंगल और पहाड़ी बस्ती का मुहासिरा कर लिया। पूरे इलाक़े में बेपनाही छा गई। बस्ती के लोग इस आफ़त को देख बुरी तरह घबरा उठे। किसी की समझ में नहीं आया, ये फ़ौज किसकी है, कहां से आई है, क्यों उन्हें तबाह करने पर आमादा है।

तभी, कहते हैं, फ़ौज का एक सरदार घोड़ा बढ़ाकर बस्ती में दाख़िल हुआ।

पीछे-पीछे दर्जन-भर घुड़सवार सिपाही भी गांव आ धमके।

सरदार रौबदार आवाज़ में बोला -

'हम बादशाह सलामत के फ़ौजी और अमले हैं। हमें बादशाह सलामत ने भेजा है। हमें इस पहाड़ होकर एक दर्रा बनाने का हुक्म हुआ है। यह काम हमें बिला - ताख़ीर शुरू करना है। आप सब घबराएं नहीं। पहाड़ उस पार आने-जाने में आपको पेश आने वाली दुश्वारियां देखकर ही बादशाह ने चट्टानें काटकर दर्रा बनाने का

फ़ैसला किया है।'

कहते हैं, जिस वक़्त फ़ौज का सरदार दर्रा बनाने के शाही हुक्म का एलान कर रहा था, बस्ती में मवेशी पालने वालों की भीड़ में, एक किनारे, मटकेवाली वो औरत भी खड़ी थी, जिसने किसी अनजान सुबह एक भूखे-प्यासे घुड़सवार को अपने मटके का सारा दूध पिला दिया था।

वो टकटकी बांधे सरदार को देख रही थी।

लेकिन सचमुच उसकी निगाहें कहीं और थीं।

प्यास से तड़पता घुड़सवार, उसकी कमर से लगी तलवार, और सर पर कलग़ीदार पगड़ी - सब उसकी निगाहों से गुज़र रहे थे।

बस्ती के लोग सैकड़ों बरस पुराने इस वाक़ए को आज भी याद रखते हैं।

वो पुरानी तारीख़ का हवाला देकर कहते हैं कि बादशाह सलामत ने खुद पहाड़ों की कोख से निकले इस रास्ते का नाम 'ग्वालन का दर्रा' तजवीज़ किया।

किताबों में नहीं लिखा, पर बस्ती वालों के दिलों में उस घुड़सवार की याद आज भी ताज़ा है, जो, सदियों क़बल, रास्ता भटक कर इस पहाड़ी बस्ती की तरफ़ आ निकला था, और जिसे प्यास की शिद्दत ने निढाल कर दिया था। और जिसे बस्ती की मटकेवाली उस औरत ने ताज़ा-मीठा दूध पिलाया था।

बस्ती वाले कहते हैं, उस घुड़सवार का नाम शेरशाह था।

पहाड़ के जख़्म

वो नए ज़माने क हुक्मरान थे। सियासत और समाज दोनों ही उनके रौब से चलते थे। सूबे की सरकार से लेकर दिल्ली तक उनका दबदबा था। इलाक़े के ग़रीब अवाम के बीच उनकी हैसियत मुकम्मल 'सरकार' की थी। बस्ती के इर्द-गिर्द उनके इशारे क़ानून की हैसियत रखते थे। बस्ती के बड़े हाकिम से लेकर अदना मुंशी तक नौकर-चाकर की तरह उनके आगे सर झुकाते थे।

उनकी हुक्म-अदूली मौत के दरवाज़े खोलती थी।

इसीलिए जब उन्होंने पोशीदा तौर पर बस्ती के ख़ूबसूरत पहाड़ों को क्रशर-मशीन मालिकों के हवाले कर देने का फ़ैसला कर लिया, तो किसी को भी इसकी मुख़ालफ़त में उतरने की हिम्मत नहीं हुई। सब ने इसे 'क़िस्मत का खेल' मानकर तस्लीम कर लिया।

कहते हैं, बस्ती के ख़ूबसूरत पहाड़ों को डायनामाइट से उड़ाकर तोड़ देने और फिर उन्हें बड़ी-बड़ी मशीनों की मदद से छोटे-छोटे पत्थरों में बदल देने के कारोबार में लगे सरमायादारों ने इस काम में उनकी हिमायत हासिल करने के लिए अच्छी-ख़ासी रक़म चुकाई थी। बस्ती के आस-पास खेती की ज़मीन तो उनके नाम मुंतक़िल हुई ही, पटना से दिल्ली तक बड़ी कोठियां भी वजूद में आ गईं। क्रशर-मशीनों से हासिल होने वाले मुनाफ़े में भी उनकी हिस्सेदारी मुकर्रर हुई।

पहाड़ों के साथ-साथ, तलहटी की ज़मीन पर घने जंगलों का जो लंबा सिल्सिला था, वो भी इन क्रशर-मालिकों के निशाने पर आ गया। ऊंचे-ऊंचे दरख़्तों के ख़ूबसूरत साये लहकने लगे। सैकड़ों बरस पुराने क़ीमती पेड़ बेतहाशा कट-कट कर गिरने लगे। शहरों से आए लकड़ी के ताजिर गाड़ियों पर लादकर उन्हें बस्ती से बाहर ले जाने लगे।

जंगल कट गए तो ख़ाली ज़मीनों पर टूटे पत्थरों के पहाड़ उगने लगे। उन्हें ट्रकों और रेल के डब्बों में ढो-ढो कर दूर-दराज़ इलाक़ों तक पहुंचाया जाने लगा। इन पत्थरों से ही कई नए शहर और रिहायशी कालोनियों की तामीर का काम होने लगा।

पहाड़ जब बेतहाशा टूटने लगे, बारूद के ज़र्रे बस्ती की फ़िज़ा पर छा गए पहाड़ के दोनों तरफ़ बसी आबादियां सांस की बीमारियों का शिकार होने लगीं।

आस-पास की बरसाती नदियां और तालाब का पानी ज़हर-आलूद हो गया। मवेशियों ने भी पानी पीना छोड़ दिया।

बारूद का असर बस्ती के खेतों पर भी पड़ा। फ़सलें तबाह होने लगें।

जो दरख़्त इन ताजिरों की ज़द से बाहर थे, पत्तों के झड़ जाने से बिन मौसम नंगे नज़र आने लगे।

कहते हैं, उन्हीं दिनों, बस्ती में एक सियासी तमाशा मुंअक़िद हुआ।

सूबे के सरदार और दिल्ली सरकार के कुछ अमले इस तमाशे की ज़ीनत बने।

बस्ती वालों ने अपनी आंखों से देखा, जंगल और पहाड़ उजाड़ने वाले क्रशर मालिक मंच पर मेहमानों की ख़ातिर-तवाज़ह में पेश-पेश थे।

चांदी के बरतनों में मेहमानों के पैर धोए गए। कॉलेज-स्कूल की खुशपोश लड़कियों ने साफ़-शफ़्फ़ाफ़ रूमालों से उनके भीगे पैर पोंछे।

बस्ती के सियासी नुमाइंदों ने मेहमानों को गुलाब की पंखुड़ियों से अटे तश्त में चांदी की मछलियां पेश कीं।

मंच पर बैठे सारे मेहमान इस पुरशिकोह मेज़बानी से बेहद मुतास्सिर नज़र आए।

सूबे के सरदार ने तालियों की गड़गड़ाहट के बीच बस्ती की तरक़्क़ी का भरोसा दिलाया, और इसे फ़ौरी तौर पर ज़िले का दर्जा देने का एलान किया।

हसरत-व-यास में डूबी बस्ती की हवेलियों ने हज़ारों बरस से अपने महाफ़िज़ पहाड़ों के ज़मीनदोज़ हो जाने पर पुरदर्द नौहे पढ़े और गिरिया किया।

नए ज़माने के आक़ाओं ने बस्ती में जो तबाहियां मचाई थीं, उसका ग़म उन्हें मारे डाल रहा था। बेशक, वो अपनी आंखों से अपनी बरबादी के तमाम मंज़र देख रहे थे।

बस्ती अपने उजाड़ के इस जश्न में शरीक भी होती तो कैसे!

थोड़ी दूर पर, ग्वालन का दर्रा, बस्ती के उजड़ने के अंदेशों से चूर, ख़ामोश खड़ा रहा। बार-बार, दर्रे की निगाहें मवेशी पालने वालों की तरफ़ जाती थीं। कोई तो हो, जो बस्ती के इस आख़िरी टीले को बारूदी मशीनों से बचाने की ख़ातिर सामने आए।

बस्ती में निढाल मवेशियों के सिवा अब बचा ही कौन था, जो अपनी आस्तीनें चढ़ाकर क्रशर-मालिकों के मुक़ाबले खड़ा हो जाता।

बस्ती और क़रीब के इस गांव में सन्नाटा पसरा था।

शाम हो रही थी कि क्रशर-मालिकों का एक कारिंदा गांव में यह मुनादी करने आया कि कल सूरज उगने से क़बल, ग्वालन के दर्रे वाले पहाड़ को बारूदी सुरंगों की मदद से उड़ा दिया जाएगा।

उसने यह भी कहा कि गांव वाले अपने मवेशियों के साथ, पड़ोसी टोले की तरफ़ चले जाएं, वरना बारूद के धमाकों से उनकी जान को ख़तरा हो सकता है।

कहते हैं, इस मुनादी को सुनकर गांव के उम्र-दराज़ लोगों के दिल मुरझा गए थे। जवान गांव छोड़कर पड़ोसी टोले की तरफ़ कूच कर गए थे। औरतें थीं, लेकिन उन पर सक्ता तारी था।

देर रात गांव की औरतों के बीच मुनादी की आवाज़ गूंजती रही।

'कल सवेरे, सूरज उगने से पहले, पहाड़ का यह हिस्सा बारूद से उड़ा दिया जाएगा।'

जहां, सदियों पहले, किसी घुड़सवार ने मटके वाली औरत के कहने पर पहाड़ की चोटियों के बीच एक दर्रा बनवा दिया था, उसे नए ज़माने के हुक्मरान मिटा देने को आमादा थे।

सूरज उगने को ही था कि क्रशर-मालिक के अमलों ने पहाड़ की निचली सतहों पर सिलसिलेवार बारूदी सुरंगें बिछाने का काम शुरू कर दिया।

गांव में, एक बार ज़ोर का धमाका हुआ और ग्वालन के दर्रे का दाहिना पहाड़ी हिस्सा रूई के गोले की मानिंद हवा में उड़ने लगा। पूरी फ़िज़ा बारूद से भर गई। एक स्याह धुआं सारे गांव पर छा गया। औरतों-बच्चों के चीख़ने-चिल्लाने, बैन करने की आवाज़ों ने बस्ती की बाहरी सरहद

को भी अपने आंचल में समेट लिया।

सूरज उग आया था, लेकिन उसकी रौशनी इतनी फीकी और बेजान थी कि गांव के मानूस चेहरे भी एक-दूसरे को पहचान नहीं पा रहे थे।

धमाकों की आवाज़ें तेज़ होती जा रही थीं।

आवाज़ों के साथ, पहाड़ की बड़ी-बड़ी चट्टानें हवा में तैरती नज़र आ रही थीं।

कुछ घंटों में ही, पहाड़ अपना वजूद खोने लगे। उनकी जगह ला-तादाद ख़ंदक़ों ने ले ली।

कहीं-कहीं, खौलते पानी के चश्मे उबलने लगे। जिनसे बारूद की बू फैलकर मैदानी इलाक़ों में भी पहुंचने लगी।

अचानक फ़िज़ा में छाए स्याह बादलों का बारूदी साया छट गया, और आसमान साफ़ नज़र आने लगा। गांव के बचे-खुचे लोग, औरतें और बच्चे, जो सारी रात अपने घरों में जागते रहे थे, आंख मलते बाहर आए। उनकी आंखों ने बस्ती के ख़ूबसूरत पहाड़ों की जगह पहाड़ की टूटी-बिखरी चट्टानें देखीं, और जगह-जगह गहरे गड्ढ़े देखे।

सदियों पुराना उनका गांव उनकी आंखों के सामने बेपर्दा, नंगा खड़ा था।

पेड़ कब के कट चुके थे। होते तो शायद उनकी शाख़ें और पत्ते गांव के उरियां बदन की पर्दादारी करते!

आहिस्ता क़दमों से गांव की औरतें दर्रे की सिम्त बढ़ीं।

अचानक उनकी आंखें पहाड़ के एक शिकस्ता टीले से टकराईं। यहीं तो था वो दर्रा, जिससे होकर वो आसपास के गांवों में आया-जाया करती थीं!

औरतें हैरत में थीं।

इतने संगीन बारूदी धमाकों के बावजूद यह टीला महफ़ूज़ कैसे रह गया!

टीले के क़रीब आकर गांव की औरतों ने देखा।

रातोंरात किसी ने टीले के दरम्यानी हिस्से में सिंदूर के टीके लगा दिए थे।

गहरे, सुर्ख़, सिंदूर के टीके!

ब्याही औरतें जैसे अपनी मांग में लगाती हैं!

टीले को घेर कर खड़ी गांव की औरतों ने अचानक एक दर्दनाक चीख़ भरी, जब टीले के उस पार, बलुआही ज़मीन पर, सुर्ख़ लिबास में लिपटी एक कमसिन लड़की की लाश पर उनकी नज़र पड़ी।

लड़की के बदन से अब भी ताज़ा ख़ून जारी था!

लौटेंगी रूहें

बस्ती की तमाम गलियों में आज एक नए क़िस्म का सन्नाटा पसरा है।

गलियों से ख़ामोश गुज़रते लोग शाह साहब की हवेली के खंडहरों के पास कुछ लम्हों के लिए रुकते हैं, गिरी हुई दीवारों के अंदर झांक कर देखते हैं, फिर आगे की तरफ़ बढ़ जाते हैं।

यह मंज़र आज सुबह उस वक़्त सामने आया, जब मज़दूरों ने हवेली के सेहन में बरसहा-बरस से शाह साहब के मज़ार पर पड़ी मिट्टी हटाने का काम शुरू किया।

एक दर्जन मज़दूर इस काम में जुटे, तो आसपास की हवेलियों में अफ़रातफ़री का माहौल छा गया। सदर हवेली के मकीनों पर वसवसा तारी होने लगा।

उन्हें महसूस हुआ, कहीं शाह साहब की रूह सामने आकर उनकी मौत के राज़ तो नहीं खोल देगी!

उनका अंदेशा सही निकला, तो बस्ती के लोग कहां रहेंगे!

ख़ुदा का शुक्र है, ऐसा कुछ हुआ नहीं।

शाह साहब की रूह ने बस्ती की अस्मत पर कोई हर्फ़ नहीं आने दिया।

वो ख़ामोश, सेहन के एक किनारे खड़ी, मज़ार की मिट्टी हटाए जाने

का मंज़र देखती रही।

मज़ार की मिट्टी हटाने का काम पूरे तक़द्दुस और एहतियात के साथ हो रहा है। मज़दूरों के दिल में शाह साहब के तईं एहतेराम का जज़्बा है।

मिट्टी हटाने के लिए वो अपने औज़ार भी निहायत अदब से चला रहे हैं।

मज़दूरों को पता है, वो जिस मज़ार पर बैठी मिट्टी हटा रहे हैं, वो तक़रीबन एक सदी क़बल बना था।

वक़्त ने इस मज़ार के सीने पर मनों मिट्टी का बोझ डाल दिया।

मज़ार ने अपनी पहचान तक खो दी।

उसके सिरहाने लगा संगमरमर का कतबा कब का टूट कर बिखर गया।

अब तो इसका निशान भी बाक़ी नहीं!

तक़रीबन दस फ़ीट मिट्टी हटाने पर शाह साहब के मज़ार की ऊपरी सतह नज़र आई। सतह अब भी पुख़्ता और मज़बूत है।

मज़ार की ऊपरी सतह हाथ आई, तो मज़दूरों की आंखें एहतेरामन झुक गईं।

हवेली के सेहन में खड़े सैकड़ों लोगों ने हैरत से दस फ़ीट गहरे मज़ार की पुख़्ता सतह देखी।

उनकी उंगलियां दांतों तले दब गईं।

कोई इस तरह भी, एक सदी गुज़र जाने पर, अपने कुनबे के किसी बलंद-क़ामत बुज़ुर्ग के मज़ार की मिट्टी हटाकर उसे दुनिया की

नज़रों के सामने रख देता है!

पता नहीं, हवेली की राहदारियां इस जुर्रत-मंदाना पेश-क़दमी को सही ठहराने के लिए तैयार हैं, या नहीं।

वो बज़ाहिर इसकी मुख़ालफ़त को भी आमादा नहीं।

कहते हैं, शाह साहब की यह हवेली, बरसों क़बल, जिन क़राबतदारों ने कौड़ी के मोल फ़रोख़्त कर डाली थी, उनके वारिसों के लिए, आज, सामने आकर इस गुमशुदा मज़ार की बाज़याबी और इसकी तामीर-ए-नव के रास्ते में रुकावट खड़ी करना बहुत आसान नहीं है।

वो, एक तरफ़, जहां अपने बुजुर्गों के कारनामे पर नादिम हैं, वहीं, दूसरी तरफ़, शाह साहब के वारिसों में से एक के हाथों इस मज़ार को 'आस्ताने' की शक्ल देने की पहल पर किसी क़दर मुतमइन भी हैं।

हालात के दबाव और बदलते समाजी मंज़रनामे ने उन्हें इस पेशरफ़्त को दिल से क़बूल करने पर राज़ी कर लिया है।

दस दिनों तक शाह साहब का मज़ार यूंही खुला रहा।

उसकी ऊपरी पुख़्ता सतह पर बारिश का पानी गिरता रहा।

मज़ार के आसपास की ज़मीन बारिश के पानी को अपने सीने में जज़्ब करती रही।

यक़ीन के साथ कौन कह सकता है, आसमान से बरसने वाली पानी की बूंदों ने शाह साहब की रूह को कितनी तमानियत बख़्शी!

यह भी एतमाद के साथ कौन कह सकता है कि अपने वारिसों में से एक की काविशों के लिए शाह साहब की रूह ने ख़ामोश लबों से कुछ दुआइया कलमात अदा किए!

दस दिन गुज़र गए, और पूरी बस्ती ने ज़मीन से दस फीट गहरी सतह पर शाह साहब के पुख़्ता मज़ार की ज़ेयारत कर ली, तो इसे एक नई शक्ल देने का काम शुरू हुआ।

मज़ार के चारों तरफ़ ईंट की दीवारें खड़ी की गईं।

उन पर पलस्तर किया गया।

फिर उसकी ऊपरी सतह पुख़्ता स्लैबों से ढंक दी गई।

मज़ार की बाहरी दीवारों पर संगमरमर की सफ़ेद परतें चढ़ाई गईं, और ऊपर के हिस्से में स्याह ग्रेनाइट का गि़लाफ़ डाला गया।

सिरहाने, स्याह-सफ़ेद पत्थर पर, शाह साहब का पूरा नाम, उनकी पैदाइश और वफ़ात की तारीख़ें दर्ज कर दी गईं।

मज़ार बनकर तैयार हो गया, तो बस्ती की आबादी एहतेरामन हवेली के कुशादा सेहन में दोबारा जमा हुई।

हमसाया बस्ती से भी क़राबतदारों के आने-जाने का सिलसिला शुरू हुआ।

आने वालों के हाथ बेसाख़्ता फ़ातेहा के लिए उठते रहे।

शाह साहब की रूह हवेली के कुशादा सेहन में, एक किनारे, ख़ामोश खड़ी सारा मंज़र देखती रही।

कहते हैं, रूहों की आंखें हमेशा सलामत होती हैं।

उनकी याददाश्त कभी फ़िना नहीं होती।

वो सिर्फ़ ग़ैब से आने वाली किसी मोतबर आवाज़ की मुंतज़िर होती हैं!

बस्ती में, या बस्ती से बाहर, किसको बशारत मिली है, वो साइत कब आएगी, जब दूसरी तमाम रूहों के साथ शाह साहब की रूह भी इंसानी पैकर में बस्ती के वीराने में उतरेगी, और तमाम ज़िंदगी उन पर जो कुछ बीती है, दुनिया को कह सुनाएगी!